Eleonore Gierlichs

Zwischen Trümmergrundstücken und Luftschutzkellern

Eine Mainzer Kindheit

LEINPFAD
VERLAG

Fotos:
Eleonore Gierlichs, Mainz: S. 7, 8, 9, 11, 12, 20, 34, 40, 103
Heinz Leiwig, Mainz: S. 94, 107, 112, 115, 117
Konrad Schué, Mainz: S. 56 und Trümmergrundstück Einband
Stadtarchiv Mainz: S. 10

Umschlag: kosa-design, Ingelheim
Satz: Leinpfad Verlag
Druck: TZ Verlag & Print GmbH

Leinpfad Verlag, Leinpfad 2, 55218 Ingelheim,
Tel. 06132/8369, Fax: 896951
E-Mail: *info@leinpfadverlag.de*
www.leinpfad-verlag.de

ISBN 3-937782-22-2

INHALT

VORWORT
DER KRIEG IN MAINZ - MIT DEN AUGEN UND OHREN EINES KINDES ERLEBT

Krieg! Krieg ist immer etwas Schlimmes, etwas Katastrophales, etwas Grauenhaftes, besonders für die einfachen Menschen, die ihn nicht wollen und doch die Leidtragenden in jedem Krieg sind.

Ich bin im Mai 1937 in der Mainzer Altstadt geboren und habe den Zweiten Weltkieg als Kind bewusst miterlebt. Dieser Krieg hat mein Leben mitgeprägt und verändert, deshalb habe ich gerade diese schrecklichen Jahre so gut in Erinnerung. Auf Anraten meiner Kinder und Freunde schreibe und berichte ich von meinen Kriegserlebnissen so, wie ich sie damals als Kind erlebt habe.
Natürlich empfindet man als Kind viele Begebenheiten anders als ein Erwachsener. Kinder können auch leichter über Schlimmes hinwegkommen, Kinder haben von der Natur einen gewissen Schutzmechanismus erhalten, damit sie nicht schon in frühen Jahren an den Grausamkeiten, die sie sehen und selbst erleben müssen, zerbrechen und zu Grunde gehen. Kriegskinder können sogar das Erlebte durch ein Spiel überwinden und doch wieder fröhlich sein.
Auch ich habe alle Kriegserlebnisse überwunden und bin trotz allem Erlebten ein fröhlicher Mensch geworden, doch vergessen kann ich den Krieg nie!

Wenn ich jetzt nach so vielen Jahren meine Erinnerungen für die Nachwelt aufschreibe, so bitte ich um Nachsicht, wenn ich nicht chronologisch schreibe; ich berichte die Ereignisse so, wie ich sie in Erinnerung habe und schreibe diese Erinnerungen so auf, wie ich sie mit meinen Kinderaugen und -ohren erlebt habe. Manches habe ich vielleicht anders gesehen und erlebt als ein Erwachsener, und doch hoffe ich, dass auch meine Erlebnisse und Erinnerungen eine Warnung für die Nachwelt sein können.
Krieg ist immer ein Unglück, Frieden ist ein Glück, ein Geschenk, das man erhalten und für das man kämpfen soll!
Wir haben die schlimmen Jahre nicht vergessen, im Gegenteil, sie haben sich in unserem Gedächtnis fest verwurzelt, sie haben uns für das spätere Leben geprägt. Wir hatten große Angst, sogar Todesangst, und doch brachten wir Kriegskinder es fertig, in den kurzen Pausen zwischen den Fliegeralarmen zu spielen, zu singen und zu lachen.
Keines von den damaligen Kriegskindern erhielt eine psychologische Betreuung, das gab es damals noch nicht. Wir mussten den Krieg verarbeiten und über das Erlebte hinwegkommen, wir standen erst am Anfang unseres Lebens.

Jetzt gehöre ich zu den letzten Zeitzeugen. Ich möchte die nachfolgenden Generationen warnen, leichtfertig nach einem Krieg zu schreien, er bringt immer Unglück, Not und Verzweiflung. Ein Krieg ist immer zu verurteilen, gleichgültig in welchem Land er sich abspielt.

Dass Deutsche es fertig brachten, heimlich Ausländer oder Juden zu verstecken, dass sie ihnen halfen und ihr karges Essen mit ihnen teilten, sich dadurch selbst der Gefahr aussetzten, erschossen zu werden oder in ein Konzentrationslager zu kommen, ist heute viel zu wenig bekannt.

Den mutigen, tapferen Trümmerfrauen zolle ich jeden Respekt. Diese Kriegsfrauen waren gute Mütter; sie haben für ihre Kinder die größten Opfer gebracht, um sie durch die schwere Zeit zu bringen. Dafür gebührt ihnen großer Dank und Anerkennung.

Eleonore Gierlichs geborene Ermisch

Eleonore Ermisch 1940 mit ihrem Stoffhund Kampi

MEINE KINDHEIT

Als Hitler 1933 an die Macht kam, es war das Jahr der Eheschließung meiner Eltern, da war mein Vater von dem neuen Wind im Staat begeistert. Endlich sollte alles besser werden! Die Arbeitslosigkeit und die Ungerechtigkeit sollten ein Ende haben, schlimmer konnte es ja nicht mehr werden, wie es damals den Anschein hatte, aber es kam alles noch viel schlimmer!

Meine Mutter und ihre Eltern waren von Anfang an gegen das Hitlerregime, sie sahen in den ganzen nationalsozialistischen Parolen Aufhetzung des deutschen Volkes, Angeberei einiger Großmäuler und eine Katastrophe für Deutschland.

Mein Vater – als Beamter – wurde überredet, in die Partei einzutreten, was er auch tat. Meine Mutter war dagegen, und so gab es die ersten Meinungsverschiedenheiten in einer jungen Ehe. Diskussionen, auch mit meinen Großeltern mütterlicherseits, blieben nicht aus. Die Ehe zerbrach dann endgültig etwa sechs Monate nach meiner Geburt im Jahr 1937.

Mein Vater ging in sein Elternhaus am Rosengarten zurück, meine Mutter behielt mit mir die Mietwohnung in der Augustinerstraße 48, in welcher ich geboren wurde.

Die Großeltern, Lina und Simon Krichel, 1939.

Meine Eltern hatten sich nichts mehr zu sagen, die politischen Ansichten waren zu gegensätzlich. Später, im Jahr 1942 oder 1943, trat mein Vater, sehr enttäuscht über die nationale Entwicklung, wieder aus der Partei aus.

Meine Mutter war von Beruf Polstermeisterin und war zu Anfang auch noch bei der Firma Polster Reisch beschäftigt. Später, als diese Firma nicht mehr produzieren konnte oder durfte, wurde meine Mutter, da sie nur ein Kind hatte, zwangsverpflichtet zu arbeiten, sie musste einen männlichen Arbeiter ersetzen, da die wehrfähigen Männer alle an die Front kamen.

Viele Frauen wurden zu Männerarbeit verpflichtet, und sie erfüllten gewissenhaft ihre Pflicht.

Meine Mutter musste bei der Mainzer Straßenbahn als Schaffnerin ihren Dienst antreten, sie hatte Tag- und Nachtdienst. Wenn meine Mutter im Dienst war, wurde ich von meiner Großmutter mütterlicherseits versorgt, die in der Kapuzinerstraße 50 wohnte. Später lernte meine Mutter auch Omnibus fahren, legte eine Prüfung ab und war jetzt bei den Verkehrsbetrieben Omnibusfahrerin. Ich war sehr stolz auf meine Mutti, und ich durfte auch einmal beim Fahren neben ihr stehen.

Da ich schon mit sechs Monaten oft bei Oma und Opa war, empfand ich dies als nicht schlimm, es war mein zweites Zuhause, in dem ich mich sehr wohl fühlte. Die Familie bestand aus Oma, Opa, Irmgard, der jüngeren Schwester meiner Mutter, einer Katze und einem Rhesusaffen namens Seppel.

Hatte meine Mutter dienstfrei, so kam sie auch zu ihren Eltern, und ich freute mich immer sehr auf sie, weil sie mich dann zärtlich auf ihren Schoß nahm und mit mir spielte oder Lieder sang. Es war ein schönes Familienleben.

Als ich älter wurde, fand ich es ganz normal, dass Krieg war. Abends wurden mit dicken dunkelgrünen Filzdecken die Fenster zugehängt, damit ja kein Lichtschimmer durchdrang. Ich wusste auch, dass dies alles sein musste, weil im Krieg Flieger kommen und Bomben abwerfen würden, wenn sie nur einen Lichtschimmer von der Stadt sähen.

Auch Essen gab es zuerst genug, und ich erinnere mich noch dunkel daran, dass Seppel gerne Bananen aß, die wir auf dem Markt bei der Roten Anna kauften.

Eleonore Ermisch und Irmgard Krichel 1940.

Wenn meine Mutter bei ihren Eltern war, dann wurde natürlich über Politik gesprochen, alle schimpften auf Hitler und sein Gefolge, und so war mir schon von klein auf klar, dass das alles sehr böse Menschen sein mussten, von denen da immer leise geflüstert wurde. Laut getraute sich schon damals niemand mehr zu reden, es könnte ja ein böser Nachbar mithören und die Familie verraten.

Irmgard, eigentlich meine Tante, war aber nur 10 Jahre älter als ich, und wir wurden wie Geschwister großgezogen. Irmgard ging noch zur Schule, als sie dort aufgefordert wurde, in den BDM (Bund Deutscher Mädchen) zu gehen. Als sie diesen Aufnahmeantrag von der Schule nach Hause brachte, gerieten meine Großeltern in großen Aufruhr, sie verweigerten die Unterschrift zur Aufnahme in den BDM. Irmgard be-

schwor ihre Eltern, der Lehrer hätte gesagt, alle, die gesamte Klasse, müsse in den BDM eintreten. Wenn Eltern nicht einverstanden wären, dann kämen sie ins Gefängnis oder ins KZ.
Am nächsten Morgen sollte die feierliche Aufnahme sein, pünktlich um 8 Uhr hatten alle Mädchen zu erscheinen. Nachdem es noch einige heftige Debatten und Diskussionen in der Familie gegeben hatte, beruhigte meine Oma ihre Tochter und gab der Bitte nach, dass sie zu ihrer feierlichen Aufnahme pünktlich geweckt würde.

Im Luftschutzkeller, hier 1944 in der Pfandhausstraße 1.

Irmgard ging dann beruhigt zu Bett, und meine Oma wusste, dass ihre Tochter nie ohne Wecken aufstand. Als sie am nächsten Morgen verspätet erwachte, war die Aufnahmefeier längst vorbei. Irmgard tobte und drohte den Eltern mit Gefängnis, aber im Bund Deutscher Mädchen war sie bis zum Kriegsende nicht.
Allmählich wurden die Zeiten schlechter, mir als Kind wäre das alles gar nicht so aufgefallen, wenn ich nicht immer alle Gespräche mitbekommen hätte.

VORSORGE IM KELLER

Opa baute im Keller Notbetten, das waren Stockbetten aus Holzlatten mit Strohsäcken darauf. Manchmal heulten in der Nacht die Sirenen; zuerst gab es Voralarm, das war ein langer, mehrmals unterbrochener Heulton, dann mussten wir alle aus unseren Betten und uns in den Keller setzen. Mir gefiel es eigentlich sehr gut, wenn nachts Alarm war, da durfte ich wählen, in welchem Bett ich am liebsten liegen wollte. Geschlafen habe ich da eigentlich nie, das Wachbleiben war viel interessanter, es waren ja auch noch die Nachbarn aus dem zweiten Stockwerk im Keller, und die hatten auch zwei Mädchen, die allerdings älter waren als ich; es wurde gelacht und erzählt und wir spielten Spiele.

Herr Bieler, die „Knott" und Betty Ermisch 1942.

Unsere Haustiere durften allerdings nicht mit in den Keller; die Katze legte sowieso keinen Wert darauf, die ging lieber streunen, doch unser Affe Seppel tobte und hatte fürchterliche Angst, wenn er von weitem Donnertöne hörte. Für Seppel gab es bald nicht mehr seine Lieblingsspeise, die Bananen, und er wurde immer aggressiver. Eines Tages war Seppel nicht mehr da; mein Großvater hatte ihn zurück in den Zirkus Hagenbeck gebracht, von wo er ihn auch herhatte.

Meine Mutti machte inzwischen Fortschritte in ihrem neuen Beruf. Die männlichen Straßenbahnfahrer wurden eingezogen an die Front, Frauen mussten sie auch auf diesem Posten ersetzen. Meine Mutter wurde Straßenbahnführerin. Vorher musste sie beim Rangieren der „Elektrisch" mit einem großen Hebel die Weichen stellen und die Waggons mit einem dicken, schweren Eisenpuffer zusammenführen, jetzt brauchte sie nur noch das Gefährt zu fahren. Ich fand das alles sehr toll, denn manchmal durfte ich mitfahren. Das Schönste beim Straßenbahnfahren war, dass es vorn im Führerhaus auf dem Boden eine Fußklingel gab, diese durfte ich dann, auf Kommando von Mutti, treten.

Fuhr sie mit den Wagen die Gaugasse hinunter, dann wurde der Sandkasten bedient, Sand war eine zusätzliche Bremse. Mein Traumberuf war damals, auch eine

Straßenbahnführerin zu werden, obwohl es mir immer in der Elektrisch übel wurde und ich mich zeitweise übergeben habe.
Mutti hatte auch drei Schaffnerinnen, die eine war klein und blond und sehr hübsch, ihr Spitzname war „Knott". Die anderen Schaffnerinnen waren Frau Uftring und Frau Fröhlich; die Frauen verstanden sich alle sehr gut, und manchmal bekam ich auch etwas von ihnen geschenkt.
Einmal erzählte Mutti bei meinen Großeltern, dass sie Nachtschicht hatte und die Bahn nach Hechtsheim fahren musste. Es waren nur noch einige betrunkene Soldaten in dem hinteren Wagen, die zu ihrer Kaserne mussten. Sie waren nicht mehr nüchtern und wollten die kleine Knott belästigen. Für so einen Fall gab es ein Klingelsignal. Knott bediente den Lederriemen, der oben quer zur Klingel hinführte; darauf trat meine Mutter auf die Bremse, öffnete die Tür, schnappte einen Landser nach dem anderen und warf ihn neben den Schienen in den Straßengraben; die Straßenbahn fuhr dann leer weiter. Den betrunkenen Soldaten war nicht klar, dass meine Mutter einmal eine große Leichtathletin gewesen war und flink sein konnte wie ein Wiesel.

Betty Ermisch (Mitte) mit zwei Kolleginnen.

Allmählich wurde auch mir klar, dass nicht alles so gut war, wie es hätte sein können. Mir wurde immer wieder von Oma und meiner Mutter beigebracht, dass ich niemand erzählen dürfe, was bei uns zu Hause gesprochen wurde; wenn mich jemand etwas fragen würde, so sollte ich immer sagen: „Ich weiß nichts".
Viel wurde jetzt über die Nazis geschimpft, und ich durfte nicht mit anderen Kindern spielen. Wenn ich bei Oma war, dann durfte ich nur mit Irmgard auf die Straße, und beide wussten wir, dass man vieles nicht sagen durfte.
Mit im Haus meiner Großeltern wohnte eine Familie M., mit ihnen saßen wir gemeinsam im Keller, und man hatte auch so ein gutnachbarliches Verhältnis. Herr Konrad M. war ein lustiger Mann und alle nannten ihn nur „de Kunnerad" oder „es Kunnerädche". Wenn er mich auf der Treppe oder sonst wo sah, rief er mir immer zu: „Ellenochter Zwiwwelschlochter!" Ich konterte darauf: „Kunnerädche hott e Rädche, hott aach noch e Zwiwwelrädche". Ich mochte ihn sehr gerne.

Eines Tages war Konrad nicht mehr da; großer Aufruhr war im Haus, und meine Großmutter wollte mir nicht sagen, was passiert war. Ich merkte, dass etwas ganz Schlimmes vorgefallen sein musste. Da ich aber doch viel mitbekam, was ich nicht hätte mitbekommen sollen, wusste ich, Konrad war von den Nazis verhaftet worden. Später erfuhr ich von Irmgard, wieso. Konrad hatte einmal zu tief in das Glas geschaut, und der Alkohol zeigte seine Wirkung. Konrad wankte die Ignazgasse entlang zu seiner Wohnung und schimpfte laut auf die Nazis, er nannte auch einige Namen und titulierte sie mit Mainzer Schimpfwörtern. Konrad wurde daraufhin verhaftet. Ich war damals sehr traurig; Konrad mit seinem fröhlichen Humor fehlte im Keller.
Frau M. lebte jetzt mit den beiden Töchtern alleine, doch eines Tages war auch sie plötzlich verschwunden. Wieder wollte man dies vor mir verheimlichen, doch ich bekam mit, dass auch sie im Bolles saß. Der Bolles ist in Mainzer Mundart ein Gefängnis. Vielleicht hätte ich das alles nicht mitbekommen, wenn nicht Weihnachten gewesen wäre und die beiden unmündigen Mädchen alleine in der Wohnung waren. Meine Oma versorgte sie mit Essen, und sie durften sich auch bei uns waschen und das Fest mitfeiern.Die Nationalsozialisten kümmerten sich um alles, aber nicht um zwei unmündige, einsame Mädchen, deren Eltern über Weihnachten im Gefängnis waren.
Frau M. kam nach einiger Zeit wieder zurück; ich sah sie dann auch nicht so oft, da sie arbeiten ging.
Kunnerädche habe ich noch einmal kurz vor Kriegsende im Treppenhaus gesehen. Frau M. und meine Oma stützten Konrad und halfen ihm die Treppe hinauf in seine Wohnung. Ich durfte nicht mit, aber ich hatte ihn gesehen. Konrad sah so fürchterlich aus, ich hatte ihn gar nicht wieder erkannt, er war so abgemagert, und ich war entsetzt, dass jemand überhaupt so aussehen konnte. Oma half Frau M., ihn zu stützen, und brachte ihm Essen, es gab damals nur noch rationiertes Essen auf Lebensmittelkarten. Viel hatte niemand mehr, aber die Hausgemeinschaft unterstützte sich gegenseitig. Konrad brauchte nicht mehr viel Nahrung, er starb einige Tage später. Was die Nazis mit ihm gemacht hatten, habe ich nie ganz erfahren; man wollte mich als Kind nicht damit belasten.
Wenn meine Mutter Freizeit hatte, ging sie gerne mit mir spazieren oder Freundinnen besuchen. Ihre beste Freundin hieß Hedi Nathan und war eine Jüdin. Hedi war ledig und im Alter meiner Mutter. Hedi wohnte zusammen mit ihren Eltern in der Kleinen Korbgasse. Ich habe Frau Nathan als eine sehr liebe, weißhaarige alte Dame in Erinnerung; sie waren keine reichen Leute, doch in der kleinen Wohnung war es sehr gemütlich. Frau Nathan und Hedi verdienten ihren Lebensunterhalt mit Nähen, und immer wenn ich sie besuchen durfte, hatte Hedis Mutter ein paar kleine bunte Stoffreste für mich, mit welchen ich gerne spielte und versuchte, Puppenkleider zu nähen, was mir allerdings nie gelang. Herr Nathan saß immer in einem alten roten Samtsessel; er war schon sehr alt, hatte weiße Haare und einen langen weißen Bart. Wenn wir zu Besuch waren, durfte ich auf dem kleinen rot gepolster-

ten Fußschemel sitzen und mit bunten Knöpfen spielen.
Die Nathans und meine Mutter sprachen oft verschlüsselt, damit ich nicht alles mitbekommen sollte, doch habe ich gemerkt, dass es gegen die bösen Nazis ging. Ich bekam auch mit, als Hedi einen Judenstern an ihrem Mantel tragen musste und meine Mutter und sie sich darüber lustig machten. Frau Nathan sagte einmal: „Pssst, seid doch still, das Kind!" Sie hatten Angst, doch zu der damaligen Zeit hat keiner geahnt, was noch kommen würde.
Hedi wurde beim Einkaufen nicht mehr in allen Geschäften bedient; die Geschäftsleute wurden unter Druck gesetzt und sollten keine Juden mehr bedienen. Meine Mutter war eine sehr couragierte Frau und ließ sich von niemandem etwas gefallen. Wenn Hedi einkaufen musste, so ging meine Mutter mit ihr in die Geschäfte, und Hedi bekam immer alles, was sie brauchte.
An ein Gespött über den Judenstern kann ich mich noch gut erinnern. Hedi hatte einen Knopf für ihr Kostüm gesucht, hatte aber keinen geeigneten gefunden. Es gab aber noch einige Judensterne in der Kommode. Da sagte meine Mutter: „Näh dir doch die Sterne überall auf das Kostüm, und den Rest nähe ich auf mein Kleid, dann können wir auf die Fassenacht gehen, ich wäre gespannt, was da die Nazis dazu sagen würden." Beide Frauen lachten laut und hatten ihren Spaß. Ich mit meiner Fantasie sah schon, wie die Kleider aussehen würden, wenn sie voller gelber, schwarz umrandeter Sterne wären. Es wäre wirklich eine Fassenachtsidee gewesen; ob die Nazis das aber auch so gesehen hätten, das bezweifle ich heute sehr.
Ich war gerade einmal in der Wohnung meiner Mutter, als Hedi kam und sehr verstört war. Sie zeigte ein Schreiben, und ich bekam mit, dass Hedi mit ihren Eltern ein Termin genannt worden war, an dem sie mit wenig Gepäck in ein Lager geschickt werden würden, bis der Krieg zu Ende wäre. Meine Mutter las das Schreiben mehrmals durch, und wie ich damals mitbekam, war es so abgefasst, als ob dieser Aufenthalt nur vorübergehend sein sollte. Meine Mutter beruhigte Hedi, indem sie ihr sagte, dass der Krieg sowieso bald zu Ende ginge, sie höre ja immer abends heimlich die Stimme Amerikas und die Tommys (das waren die Engländer) und die Amerikaner würden den Krieg gewinnen.
Auf dem Befehl stand nicht geschrieben, wo die Nathans hinkommen würden, denn meine Mutter bat Hedi, auf jeden Fall Schreibpapier mitzunehmen, und sobald sie wüsste, in welchem Lager sie wären, solle sie sofort schreiben.
Meine Mutter versprach ihr, sie so bald wie möglich dort zu besuchen, denn sie hatte ihren Urlaub noch zu bekommen. Wenn es nicht so weit wäre, wollte sie sogar mit dem Fahrrad kommen, oder sie käme mit dem Zug. Natürlich wollte auch ich die Hedi besuchen und fing sogleich an, mich einzuladen. Ich quengelte solange bei den beiden Frauen, bis meine Mutter auch mir versprach, mich mitzunehmen.
Hätte meine Mutter damals schon gewusst, was die Konzentrationslager wirklich bedeuteten, sie hätte ihre beste Freundin nie dort hingehen lassen, ihr wäre be-

stimmt etwas eingefallen, um sie zu retten. Meine Mutter sagte noch: „Du hast es jetzt sicher besser als wir, die andere Seite weiß genau, wo die Lager für die Juden sind, die werden nicht von ihnen bombardiert, nur wir werden zusammengebombt." Lange hat unsere ganze Familie auf einen Brief von Hedi gewartet, und meine Oma meinte, dass sie vielleicht im Lager nicht schreiben dürften. Was ein Konzentrationslager (KZ) ist, haben inzwischen alle von uns gewusst, selbst ich als Kind wusste es, doch dass dort solche grausamen Massenhinrichtungen stattfinden, so gute Menschen, wie die Nathans welche waren, ermordet wurden, das hat keiner von uns geahnt.

MIT ALARM UND BOMBEN WUCHSEN WIR AUF

Wenn ich bei meiner Mutter in der Augustinerstraße war, durfte ich überhaupt nicht mit Kindern spielen oder anderen Leuten im gleichen Haus einen Besuch abstatten. In unserem Haus wohnten viele Kinder, einige kannte ich vom Sehen oder vom Fenster aus, wenn ich in den Hof schaute, wie sie spielten. Oft gab es Fliegeralarm, und wir mussten in den Keller. Meine Mutter unterhielt sich mit den Nachbarinnen, doch ich musste immer in ihrer Reichweite bleiben. Die Kinder hatten schon Spielzeug im Keller deponiert, aber meine Mutter hielt mich möglichst zurück. Heute kann ich mir das nur so erklären, dass doch ein Spitzel hätte dabei sein können und meine Mutter Angst hatte, dass mich jemand ausfragen könnte. Ich hatte doch ziemlich viel mitbekommen und wusste, dass „wir" Gegner der Nazis waren und die uns auch ins KZ bringen konnten.

Am liebsten war ich in der Kapuzinerstraße bei meinen Großeltern. Dort ging es nicht ganz so streng zu, obwohl auch dort in der Nachbarschaft zwei Nazifamilien wohnten.

Wenn Mutti auf der Elektrisch war, dann durfte ich auch auf die Straße und mit anderen Kindern spielen. Obwohl meine Familie sich entschlossen hatte, in keine Partei einzutreten, entschieden sie sich doch, für die deutschen Soldaten etwas zu tun; diese taten ihre Pflicht und verteidigten ihre Heimat. Das war auch gut so, denn wir durften bei den Nachbarn keinen auffälligen Eindruck erwecken.

Oma ging oft mittags in das kleine Ignazgässchen, wo ein Kindergarten war, dort wurden für die Soldaten Uniformen genäht. Manchmal durfte ich auch mitgehen, aber es war für mich sehr langweilig. Besser war es, wenn Irmgard mit mir auf die Straße ging; dann durfte ich auch mit den Kindern spielen. Am liebsten tummelten wir uns vor der Ignazkirche herum; da sprangen wir über Hüpfseile, spielten Versteck oder Kreis (Ringelreihen).

Eines Tages wurde ein großer Holzkasten auf den Platz vor der Ignazkirche gestellt; er war voll mit Rheinsand und sollte dazu dienen, wenn Bomben fielen oder es brannte, sofort mit dem Sand zu löschen. Natürlich hatten wir Kinder unsere Freude an dem Löschsand; wir backten mit kleinen Förmchen Sandkuchen, und wenn

der Pfarrer oder der Kaplan am Kirchplatz vorbeikamen, dann verkauften wir ihm einen Sandkuchen. Der Ignazpfarrer freute sich immer, wenn wir vor seiner Kirche mit dem Sand spielten. Es gab aber auch Leute, die kein Verständnis dafür hatten; sie schimpften uns aus, weil manchmal Sand vor den Kasten fiel, der sei nicht zum Spielen da, sondern für den Ernstfall zum Löschen.
Direkt an der Ignazkirche wohnte auch die Familie D. Sie waren große Nazis, und wenn Sondermeldungen durch das Radio kamen, riss Frau D. das Fenster auf und stellte das Radio so laut, wie es nur ging, damit alle Leute die Meldungen und Heldentaten des großen Führers hörten. Sie hatte die Gewohnheit, nach den Sondermeldungen noch mit lauter Blechstimme aus dem Küchenfenster hinaus zu singen: „Die Fahnen hoch, die Reihen fest geschlossen!" Auch noch andere Nazilieder sang sie laut heraus. Ein Refrain klingt mir noch heute lautstark im Gedächtnis: „Heute gehört uns Deutschland, und morgen die ganze Welt!" Bei dem Wort Welt, grölte sie mit einem Schlenker ihre Stimme nach oben, bis ihr fast der Atem ausging. Meine Großmutter machte sich über sie lustig, indem sie auf Mundart sagte: „Die hat e Blechgeul!" (eine Blechgurgel). Frau D. schimpfte aber nicht, wenn wir im Löschsandkasten spielten, sie hatte ja selbst zwei Mädchen, und das jüngere spielte kräftig mit im Sand. Ich hörte oft, wenn meine Großeltern über die D.'s und ihren Fanatismus schimpften, ich wusste, dass ich so etwas nie woanders weitererzählen durfe, sonst würden wir alle abgeholt und eingesperrt.
Herr D. hatte immer eine Nazi-Uniform an, sie war braun, die Hosen waren oben weit, wie aufgepumpt und unten sehr eng geschnitten. Seine Stiefel gingen bis zu den Knien und waren immer blitzblank geputzt. Ich hatte Angst vor dem Mann, weil ich von meiner Oma hörte: „Vor dem muss man sich in Acht nehmen!"
Die Fliegeralarme wurden immer häufiger; jetzt sind wir auch meistens in den Ignazkirchenkeller gegangen, denn es hieß, wenn man bei einem Bombenangriff verschüttet wird, so werden zuerst die öffentlichen Luftschutzräume ausgegraben, die Privatkeller kommen als Letztes dran. Die Katakomben der Ignazkirche galten als sicherer Luftschutzkeller. Es war ja auch nicht weit für uns, wir mussten nur über die Straße laufen.
In der Wohnung hatten wir immer einen Koffer und einige Taschen, die mussten mit in den Keller. Ich hatte ein kleines graues Köfferchen, in welchem mein Name und die vollständige Adresse standen, außerdem warme Strümpfe, Hosen, Pullover und Verbandszeug für den Notfall darin.
Kleine Kinder mussten als Erstes lernen, ihren Namen und die Anschrift zu sagen, damit sie bei einem Verlust der Eltern wussten, wer sie sind. Die meisten Kinder trugen außerdem noch ihre Adresse mit einem Band um den Hals.
Im Ignazkeller war es schön, ich kannte die Kinder, und die Zeit ging dadurch schneller herum. Nachts schlafen konnte man dort natürlich nicht, es standen nur rohe Holzbänke rechts und links an der Wand. In der Katakombe wurden früher berühmte Persönlichkeiten in den Nischen bestattet, manche Nischentafeln konnte man noch gut lesen. Einige wenige Nischengräber waren offen, es war aber

nichts mehr darin zu entdecken.
Der Pfarrer und seine Küsterfamilie Berg saßen weiter hinten, unter dem Altar, sie waren von uns etwas abgeschirmt durch einen dicken Vorhang.
Frau D. kam immer mit ihrem Potschamber (Nachttopf) in den Keller. Einmal musste ich auch ganz dringend ein „Rabbelchen" machen, und Frau D. bot auch sofort ihr „Dibbche" an, aber meine Mutter, die zufällig auch mit im Keller war, erlaubte es nicht, sie führte mich trotz Hauptalarm hinauf in den Garten.
Ich erinnere mich noch gut an einen Unfall, den ich hatte. Irmgard musste wieder einmal auf mich aufpassen, doch von der Neutorstraße her zogen organisierte Militärgruppen mit Musik und Gesang in Richtung Graben. Natürlich wollten alle Kinder dorthin laufen, denn es ersetzte vielleicht einen fröhlichen Fassenachtsumzug, der ja während der Kriegszeit verboten war.
Irmgard wollte mich nicht mitnehmen und stellte mich auf die Mauer des Ignazgartens. Ich weiß noch, dass ich rief und herunter wollte, ich hörte auch noch einen lauten Schrei von Frau D., die schon ihr Fenster weit geöffnet hatte, damit sie ja die neuesten Parolen mitbekäme, und dann war alles für mich aus: Ich fiel von der Mauer herunter und lag ohnmächtig am Boden. Später erfuhr ich, dass ich aus Nase und Ohren geblutet hätte. Ich kam in das damalige Städtische Krankenhaus, das heute die Universitätsklinik ist.
Drei Tage lag ich im Koma. Meine Mutter wurde verständigt, und meine Oma ließ Irmgard schnell zu Verwandten nach Kostheim bringen, damit sie nicht von meiner Mutti Prügel bekäme. Lange musste ich im Krankenhaus liegen, mein Kopf kam mir immer dick und weich vor.
Im Krankenzimmer war es sehr dunkel, da die großen Fenster wegen Bomben, Splittern oder Luftdruck zugemauert waren; nur ein kleines Guckloch war vorhanden. An diese Zeit habe ich wenig Erinnerung. Ich habe viel geweint, und wenn es Alarm gab, mussten alle Kinder schnell in den Keller transportiert werden. Als ich endlich wieder zu Hause war, bekam ich Diphtherie, diese Infektion musste ich mir noch im Krankenhaus eingefangen haben. Die Isolierstation war im Theresienheim, dort wo heute das Eglihaus und das Vincent-Krankenhaus nebenan sind. Auch dort waren die Fenster wegen des Krieges zugemauert. Ich litt fürchterlich unter Heimweh.

EIN KINDERGEBURTSTAG

Frau D. organisierte für ihre Tochter, die in meinem Alter war, einen Kindergeburtstag. Alle Kinder aus der Nachbarschaft waren eingeladen; auch ich bekam eine Einladung. Es wurde in der Familie beratschlagt, ob man mich dorthin schicken sollte. Meine Oma meinte, es wäre vielleicht besser, mich einmal dorthin zu lassen, man könne sich nicht unbeliebt machen, und sie wüsste genau, dass ich mich nicht ausfragen ließe, schließlich war ich gedrillt, „nein" zu sagen oder „ich weiß nichts."

Ich war auch so erzogen, dass ich nichts von anderen Leuten annehmen durfte. Meine Familie hatte aber vergessen, mir zu sagen, dass es bei einem Kindergeburtstag einmal eine Ausnahme gäbe und ich doch ein Stückchen Kuchen oder Torte essen dürfe.
Bei D.s war der Geburtstagstisch wunderbar gedeckt, mit schönen bunt verzierten Torten und verschiedenen Kuchen, es waren ja treue Nationalsozialisten, und der Vater war die rechte Hand von Kreisleiter Fuchs, der im Schönborner Hof auf der Schillerstraße residierte, da war es klar, dass man die besten Sachen hatte.
Alle Kinder wurden aufgefordert, zu essen, so viel sie nur konnten, ich aber sagte standhaft: „Nein danke, ich habe keinen Hunger und keinen Durst", dabei hätte ich so gerne auch ein so schönes Stück Torte gegessen. Später fragte Frau D. meine Oma, warum ich bei ihnen nichts gegessen hätte. Meine Oma fragte danach auch mich, und ich sagte ihr: „Du hast doch gesagt, ich darf bei anderen Leuten nichts annehmen!" „Du dummes Kind", sagte meine Oma, „da hättest du aber doch etwas essen dürfen."

DER ALARM

Im Ignazkeller war es nicht immer so schön. Wenn der Luftschutzwart, der immer vorne im Quergang die Aufsicht hatte, in den Hauptgang rief: „Sie komme!", dann wussten wir, oben sind die Flieger. Der Hauptalarm war ein schnell unterbrochener Heulton, so wie heute die Sirenen beim Brandalarm heulen. Oft hörten wir die Bomben fallen, die Einschläge waren laut zu hören. Auch unsere Flakabwehr dröhnte laut, das war furchtbar. Wir Kinder saßen dann ganz still und unbeweglich neben unseren Müttern oder Großmüttern; wenn es ganz schlimm wurde, dann nahmen sie uns fest in den Arm.
Manche Leute zitterten und hatten solche Angst, dass sich das auf andere übertrug. Viele Leute beteten laut und baten Gott um Hilfe. Andere waren ganz still. Was war das für eine innere Erlösung, wenn man die Bomben nur noch von weitem hörte und jemand sagte: „Sie sind fort!" Wenn es dann Entwarnung gab, das war ein langer durchhaltender Ton, durften wir aus dem Keller. Oft gab es aber erst „Vorentwarnung", das war der gleiche Ton wie Voralarm, da war die Hauptgefahr vorbei, aber man musste aus Sicherheitsgründen noch im Keller bleiben.
Meistens kam schon jemand von den anderen Kellern oder sonst woher und rief die Treppe herunter, was alles zerstört oder noch ganz war. Auch Angehörige wurden gerufen oder gesucht, schließlich wusste man nicht immer, wo die Leute sich hingeflüchtet hatten.

DAS SCHWARZHÖREN

Wenn abends die Fenster dicht verhängt waren, saß die Familie zusammen; ich musste ins Bett, doch das war mit mir gar nicht so leicht, die Tür musste aufbleiben, und weil ich ein typischer Nachtmensch bin, habe ich noch lange nicht geschlafen. Ich hörte immer, was gesprochen wurde, doch manches verstand ich auch schwer.

Wenn Mutti zu den Großeltern kam, dann erzählte sie leise, was sie am Schwarzsender alles gehört hatte. Wenn ich bei meiner Mutter war, dann bekam ich sowieso alles mit, denn ihre Wohnung war nicht groß, und sie vertraute mir auch; sie wusste, dass mir bekannt war, dass wenn ich irgendjemand etwas sagte, die Familie abgeholt würde.

Mutti hörte jeden Abend ihren Schwarzsender. Zuerst wurde die Wohnungstür fest verschlossen sowie alle Fenster überprüft, dass ja keines offen oder nicht dicht genug abgedunkelt war. War das alles in Ordnung, dann holte sie sich aus ihrem Bett die dicke Wolldecke, diese hängte sie über den Volksempfänger und kroch sehr dicht darunter. Unter der Decke suchte sie die Stimme Amerikas oder den englischen Nachrichtensender. Das war gar nicht so einfach mit einem Volksempfänger. Zuerst kam ein Signal, es war eine Melodie aus der Mozart-Oper „Die Zauberflöte": „Sei standhaft, geduldig und verschwiegen." Hatte sie diese Melodie gefunden, dann hörte sie leise, was gesprochen wurde. Ich selbst verstand nicht alles, ich wusste aber, dass es die Feindesstimme war und der Feind gar nicht so schlimm sein konnte.

DIE EINQUARTIERUNG

Meine Großeltern hatten in der Kapuzinerstraße eine große Wohnung. Eines Tages kam ein Mann und besichtigte die gesamte Wohnung. Alle Räume wurden gründlich inspiziert, dann entschied der Mann, dass die Wohnung zu groß für die Familie wäre und wir deshalb einen Raum an eine ausgebombte Frau abgeben müssten. Meine Oma war darüber nicht sehr erfreut, jedoch fügte sie sich in ihr Schicksal.

Wir bekamen Frau Angioletta Henninger zugewiesen; sie bekam unser großes Schlafzimmer als Wohnraum, wir mussten ein Bett in das kleinere Kinderzimmer stellen, dafür durften wir das große Wohnzimmer behalten.

Frau Henninger kam nicht alleine, sie brachte einen Hund mit, einen Pinscher namens Kampi. Ich fand es sehr gut, dass jetzt auch noch ein Hund mit uns die Wohnung teilte, ich durfte ihn sogar an der Leine ausführen.

Zwischen Frau Henninger und unserer Familie entstand mit der Zeit eine gute Freundschaft; selbst Jahre danach, als der Krieg längst vorbei war, blieb die Freundschaft bis zum Tode von Angioletta bestehen.

Nach Kriegsende lernte ich die Nichte von Frau Henninger kennen. Sie war eine junge hübsche schwarzhaarige Frau mit einem südländischen Teint; ihr Name war

Salome. Da sie im Dritten Reich nicht als arisch (reinrassig) galt, kam sie in ein Lager und wurde dort sterilisiert. Sie bekam nach Kriegsende eine Abfindung, mit der sie einen Neuanfang startete.
Dass wir jetzt enger zusammenrücken mussten, hatte für meine Begriffe auch große Vorteile. Oma, Opa, Irmgard und ich, wir schliefen jetzt alle in einem Schlafzimmer, und ein Hund war auch noch in der Wohnung. Wenn wir abends alle im Bett lagen, dann spielten wir „fliegendes Bett". Opa war der Kapitän und wir seine Mannschaft. Opa rief: „Alle schnell einsteigen, wir fliegen sofort ab nach...", und dann ging es los. Jeden Abend flogen wir zusammen in irgendein Land, Opa erzählte, was es dort zu sehen gab, wir erlebten die schönsten Augenblicke, mal waren wir am Meer, ein anderes Mal in der Wüste oder in Afrika, auch viele Tiere haben wir besucht, Opa hat alle Sehenswürdigkeiten genau erklärt. Ich erlebte alles in meiner Fantasie mit, ich war bei allem wirklich dabei.

Irmgard Krichel, der Großvater Simon Krichel, Eleonore Ermisch und die Einquartierung, Frau Henninger, mit ihrem Hund Kampi.

In der großelterlichen Wohnung gab es auch eine gute Stube, sie war das Glanzstück der Familie. Die gute Stube wurde nur an besonderen Feiertagen geöffnet, sonst blieb sie fest verschlossen. Ich erinnere mich noch sehr gut an das Prunkstück. In der Ecke stand ein großer ovaler Gussofen, verziert mit schönen Figuren. Da er so mächtig war, stand er etwas von der Ecke ab, so dass ich dahinter kriechen konnte. Eines Tages hatte ich etwas angestellt, ich weiß aber heute nicht mehr, was es war, doch musste es meine Oma so verärgert haben, dass sie mich zur Strafe in die gute Stube einsperrte. Die gute Stube war kalt und ungemütlich, so dass ich bat und bettelte, dass Oma mich wieder hinaus ließe. Alles Bitten und Jammern half aber nichts, ich blieb eingesperrt. Ich kam auf die Idee, der Oma durch die Tür zuzurufen, ich müsste dringend ein „Rappelchen" machen, aber auch das half nichts, ich blieb eingesperrt, auch ein „Häufchen machen" hatte bei Oma keinen Erfolg, sie blieb hart. Da sann ich auf Rache. Damit Oma sah, dass ich wirklich ein Häuflein machen musste, setzte ich mich hinter den großen Gussofen und drückte einen Haufen hin, danach war ich ganz still und wartete, was jetzt kommen mochte.

Nach einiger Zeit wurde es meiner Oma doch unheimlich, sie fragte an der Tür, ob ich wieder lieb sein wollte, das versprach ich auch brav. Oma ließ mich sodann aus der guten Stube heraus, und ich war folgsam; sie hatte aber nicht gemerkt, dass hinter dem Gussofen etwas lag, was dort nicht hingehörte, sie schloss die Tür wieder zu, und somit war die Sache vorläufig beendet.

Nach einiger Zeit wurde die Tür doch einmal geöffnet, und meine Oma entdeckte hinter dem Ofen den eingetrockneten Kot. Ein großes Geschrei fing an, wer von den Familienmitgliedern die Tür zu der guten Stube aufgelassen hätte, so dass die Katze hinter dem Ofen ihr Geschäft machen konnte. Oma war so wütend, dass sie die Katze, die auch noch ahnungslos neben ihr stand, nahm und sie mit der Schnauze in meinen Haufen tunkte. Mir tat die Katze sehr leid, doch die Hiebe für mich wären wahrscheinlich noch viel schlimmer ausgefallen.

Im Treppenhaus stand auf jeder Etage in der Ecke ein Eimer mit Wasser sowie ein Eimer mit Sand und eine Lumpenklatsche. Die Lumpenklatsche sollte benutzt werden, um eventuelles Feuer oder Brandbomben auszuschlagen. Das Wasser und der Sand waren zum Löschen da. Natürlich benutzte unsere Katze den Sandeimer als Katzenklo, was natürlich nicht sein durfte. Oma ersetzte öfters den Sand durch neuen, und die Katze fand das völlig in Ordnung.

DIE STROHSCHUHE

Meine Familie beteiligte sich auch bei einem Aufruf zum Flechten von Winterstrohschuhen. Unsere Soldaten mussten im kalten Winter in Russland kämpfen, wahrscheinlich gab es nicht mehr genug Hausschuhe, und so sollten deutsche Familien Strohschuhe anfertigen. Wir bekamen die ganze Küche voll mit Stroh geliefert, dazu eine Anleitung. Wir alle saßen um den Berg Stroh und flochten daraus Zöpfe, diese wurden zusammengebunden zu Sohlen, dann wurden die Seitenteile und das Oberteil geflochten. Mir hat diese Arbeit viel Freude gemacht, endlich konnte ich mich einmal nach Herzenslust im Stroh herumwälzen. Meine Zöpfe waren nicht so sonderlich gut, aber Opa verbesserte meine Stroharbeit.

DAS KELLERLEBEN

Immer öfter gab es Fliegeralarm, manchmal schliefen wir mit den Kleidern im Bett und die Schuhe mussten griffbereit auf dem Boden stehen, alles musste schnell gehen. Bei Voralarm gingen wir in unseren Hauskeller, der inzwischen gemütlich eingerichtet war. Es gab dort einen Tisch, Stühle, eine roh gezimmerte Holzbank, die Stockbetten und Gestelle mit eingemachtem Obst und Gemüse. In der Ecke stand ein Steinfass mit selbst eingelegtem Sauerkraut. Auch eingelegte saure Bohnen waren in einem Fass. Die Bohnen rochen säuerlich, aber sie schmeckten sehr gut. Noch heute esse ich gerne saure Bohnen.

In dem Keller nebenan hatte meine Familie Pakete mit Wäsche und Geschirr gelagert, wenn wir vielleicht ausgebombt würden, dann bliebe sicher der Keller heil und man hätte das Nötigste zum Überleben.

Meine Mutter hatte von meinem anderen Opa, der Kammermusiker am Theater war, noch eine sehr wertvolle Geige, sie glaubte, im Keller in der Kapuzinerstraße wäre sie sicherer untergebracht. Deshalb brachte sie auch diese dorthin, dazu auch noch die wertvollsten Handarbeiten und andere Sachen, die sie unbedingt retten wollte.

Bei Hauptalarm – das Geheule war fürchterlich, ein lauter schriller schnell unterbrochener Ton – liefen wir meistens hinüber in die Ignazkatakomben.

Es pendelte sich allmählich ein, dass sich meine Mutter, sofern sie frei hatte und ich bei ihr sein durfte, mit anderen Leuten in einem anderen Keller traf, und so gab es oft feste Verabredungen, in welchem Keller man sich für die nächste Nacht treffen wollte. Die Frauen trafen sich zum Übernachten in den großen Luftschutzkellern der Sektkellerei Kupferberg. Auch eine Tante von mir ging regelmäßig dorthin, die Keller galten als sicher. Viele Frauen, Kinder und alte Leute waren dort, ich fand das immer besonders schön, in den großen Kellern zu übernachten.

Wir Kinder saßen auf dem Boden und spielten mit Klickern (das sind Murmeln). Von der Firma Erdal bekamen wir rote Pappfrösche ausgeteilt. Es war lustig, die Frösche hüpfen zu lassen. Auf der Unterseite des Frosches war eine Klammer, spannte man diese zurück auf einen schwarzen Bitumenklecks dann dauerte es kurze Zeit und der Frosch sprang los. War die Bitumenmasse kalt, so dauerte es kürzer, bis der Frosch sprang. War die Masse warm, so konnte man die Klammer tiefer hineindrücken, und es dauerte länger, bis der Frosch hüpfte. Wir saßen auf dem Boden, alle nebeneinander, spannten die Klammern unseres Frosches nach hinten und setzten alle nebeneinander. Jetzt waren die Spannung und auch die Gaudi groß, welcher Frosch sprang als erster und welcher war der letzte. Es war ein lustiges Froschhüpfen, und das Kind, dessen Frosch am weitesten sprang, war der Sieger.

An dem Kellereingang standen immer einige Luftschutzwarte, das waren Männer, die nicht mehr für den Fronteinsatz zu gebrauchen waren. Wenn sie riefen: „Sie kommen!" oder: „Es geht los, oben stehen rote Schirmchen", dann war schnell jedes Spiel von uns Kindern zu Ende. Es gab rote und grüne Schirmchen (Leuchtschirme), mit denen der Feind das Gebiet erhellte, das bombardiert werden solle.

Wir flüchteten zu unseren Müttern und blieben ganz brav bei ihnen sitzen. Auch wir Kinder hatten Angst, sogar große Angst. Man konnte die Bombeneinschläge hören, es wurde kaum ein Wort gesprochen, doch gab es Leute, die beteten. Ich hörte Menschen sagen: „Lieber Gott, wenn wir schon alles verlieren müssen, so lass wenigstens den Dom stehen, so lange der Dom steht, ist Mainz nicht verloren."
Wenn das Dröhnen und die dumpfen Schläge vorbei waren und wir alle wussten, wir waren noch einmal davon gekommen, so fragten sich viele: „Steht mein Haus noch, wo sind meine Angehörigen, leben sie noch?" Das war schon schlimm, man wusste ja nicht, was man draußen vorfinden würde. Wenn dann die Entwarnung kam, da waren alle erleichtert. Einige gingen schnell nach draußen, andere blieben bei den Kindern zurück, die Erwachsenen wollten erst einmal vorsichtig nachschauen, was los war, was zerstört war.
Ich ging an der Hand meiner Mutter nach Hause. Unterwegs sahen wir die brennenden, zerstörten Häuser. Menschen liefen aufgeregt und rufend herum. Die Feuerwehr bemühte sich zu löschen. Wir versuchten den Weg nach Hause zu nehmen, um nachzuschauen, ob wir ausgebombt waren oder ob wir noch einmal Glück gehabt hatten.
Ich habe bei Angriffen gesehen, wie man Keller ausgegraben hat, um die Menschen zu befreien. Ich habe schon als Kind verstümmelte Leichen und Verletzte gesehen, es war furchtbar. Die erste Zeit, stand der entsetzliche Anblick tagelang vor meinen Augen, doch allmählich gewöhnte ich mich an diese Begebenheiten.

DIE GEFANGENEN

In der Ignazgasse stand ein Haus, welches bei einem Bombenangriff zerstört wurde. Noch während des Krieges wurde es wieder aufgebaut. Russische Strafgefangene mussten dort arbeiten, es waren vorwiegend Frauen. Sie alle trugen Kopftücher, um ihr Haar vor dem Zementstaub zu schonen, es waren arme Frauen, sie leisteten schwere Arbeit.
Meine Mutter und die Großeltern hatten großes Mitleid mit ihnen, und Mutter ging zu ihnen und brachte Essen. Sie bedankten sich mit dem Wort „Danksch, Danksch." Es blieb aber nicht bei einem Essen bringen, sondern meine Mutter brachte die Russinnen und Polinnen mit in die Wohnung. Sie durften sich waschen, bekamen zu essen, und mit Händen und Füßen wurde versucht zu sprechen.
Oft waren die Gefangenen bei uns, und sie fühlten sich wohl. Eine Russin war schwanger, sie hatte keine Babykleidung, meine Mutter gab ihr Babywäsche, die ich früher getragen hatte. Oma bekümmerte sich um das leibliche Wohl und Mutti tröstete die Frauen.
Was damals passiert ist, habe ich nicht mitbekommen. Als die Russin wieder bei

uns war, weinte sie bitterlich, ihr Kind war tot. Wie es gestorben ist, weiß ich nicht, ich war aber auch sehr traurig. Nach Kriegsende haben wir von den Ostgefangenen nie mehr etwas gehört.

Die Zeiten wurden schlechter, es gab nicht mehr viel zu essen, alles war rationiert. Die Grundnahrungsmittel gab es nur noch auf Lebensmittelkarten. Da meine Familie immer noch heimlich ein paar hungrige Menschen mitessen ließ, langten die Zuteilungen nicht.

Meine Mutter fuhr in die Vororte, dort kannte sie einige Bauersfrauen, die regelmäßig mit der Straßenbahn nach Mainz fuhren. Bei ihnen bekam sie Kartoffeln, Obst und Gemüse. So hatten wir wenigstens noch etwas zu essen und konnten auch den Strafgefangenen etwas abgeben.

DER ANGENOMMENE SOHN

Es gab Soldaten, die an der Front kämpfen mussten und keine Angehörigen hatten, die ihnen schrieben, sie aufmunterten oder ihnen ein Frontpäckchen schickten. Es wurden deshalb Familien gesucht, die bereit waren, so einen einsamen Soldat an Elternstelle anzunehmen. Meine Großeltern hatten früher einen Sohn verloren, und so nahmen sie einen Frontsohn an. Wir bekamen einen jungen Soldaten, der Edmund hieß. Leider ist mir sein Nachname entfallen. Edmund war jung, blond und hatte blaue Augen, er war der ideale Sohn, und die ganze Familie freute sich.

Oma schickte Päckchen, strickte warme Strümpfe, Briefe wurden geschrieben, und es war immer eine große Freude, wenn Edmund zurückschrieb. Die Frontbriefe wurden allen Freunden und Nachbarn gezeigt. Dann kam die Zeit und Edmund hatte Heimaturlaub, die ganze Familie war in Aufregung, der Sohn kommt auf Urlaub! Kuchen wurde gebacken, die Lebensmittelkarten aufgehoben, Mutti besorgte zusätzliche Nahrungsmittel, und Opa hackte Holz, damit Edmund ein gemütliches Zuhause vorfände, er sollte es schön haben, den Heimaturlaub in seiner neuen Familie genießen. Als es dann so weit war, kaufte Oma Girlanden, Opa schmückte die Haustür sowie unsere Vorplatztür. Ein Schild „Herzlich Willkommen" prangte zwischen den Girlanden.

Wir alle holten Edmund am Bahnhof ab, und es war auf beiden Seiten Liebe auf den ersten Blick. Zwei Wochen durfte er bleiben.

Meine Mutter zeigte ihm Mainz, machte Ausflüge mit ihm, er bekam viel geboten, und Edmund war sehr glücklich. Ich als Kind hatte unser neues Familienmitglied auch sehr gerne, ich konnte aber nicht verstehen, dass ein junger Mensch niemand hat, keine Mutter, keine Angehörigen, was hatte ich es doch gut, ich hatte eine liebe Mutti und ein genauso gutes Zuhause bei den Großeltern. Meinen Vater vermisste ich nicht, ich hatte wenig Kontakt zu ihm. Außerdem war er auch im Krieg.

Edmund verliebte sich in Irmgard, sie war inzwischen ein hübsches junges Mädchen geworden. Irmgard aber machte sich noch nichts aus Männern, sie war sehr zurückhaltend. Dann kam der Tag, an dem Edmund wieder an die Front musste, es war ein herzzerreißender Abschied von allen. Edmund versprach, sofort zu schreiben, und Oma versprach alles zu schicken, was er benötigte. Ein Bild von Edmund hing in der Küche an der Wand,und in der guten Stube stand eine Fotografie von ihm auf dem Vertiko. Opa war wieder stolzer Vater eines lieben Sohnes.
Eines Tages kam ich von Mutti zur Oma zurück, und sie stand in der Küche und weinte bitterlich, Opa saß still zusammengesunken in einem Korbsessel. Ich war nicht gewohnt, meine Oma weinen zu sehen, und fragte was passiert war.
Das Oberkommando der Wehrmacht teilte meinen Großeltern mit, dass Edmund für Führer, Volk und Vaterland gefallen war. Edmund war nicht sofort tot, er lag schwer verwundet in einem Lazarett und bat einen anderen Soldaten, an seiner Stelle zu schreiben, Edmund diktierte im Sterben noch einen Brief an unsere Familie, in welchem er sich für die Liebe und Herzlichkeit bedankte.
Das Bild von Edmund bekam einen schwarzen Trauerflor und einen Ehrenplatz, frische Blumen standen daneben. Später sind auch dieses Bild und der Brief den Bomben zum Opfer gefallen.

MEINE STOFFPUPPEN

Meine Mutter hatte wieder einmal ihren freien Tag, und ich war bei ihr in der Augustinerstraße; es war Weihnachtszeit und sie nähte mir zwei Puppen aus Stoffresten. Die größere Puppe nannte ich Gerlinde, und die kleinere Heidi. Gerlinde war mit Rosshaar ausgestopft, und in ihrem Inneren war eine runde, kleine Membrane aus fester Pappe, welche in der Mitte eine Stahlschraube hatte. Wenn man die Puppe vor oder zurück legte, rief sie Mama. Sie hatte ein wunderschönes Gesicht, das meine Mutti ihr gestickt hatte. Die Haare waren auch aus Rosshaar. Ich liebte diese Puppen sehr.
Während des Nähens heulten wieder die Sirenen, wir unterbrachen die schöne Arbeit und gingen in unseren Hauskeller, es war sehr kalt. Einige Nachbarn meinten, heute würde es nicht so schlimm werden, es war ja nur Voralarm, doch als der Hauptalarm heulte, entschied sich meine Mutter, nicht in unserem Hauskeller zu bleiben, sondern hinüber in den öffentlichen Luftschutzkeller im Frankfurter Hof zu gehen. Es war ein kurzer Weg, wir mussten nur über die Straße.
Plötzlich hörten wir das Motorengeräusch der feindlichen Flugzeuge, und grüne Schirmchen blitzten direkt über uns auf, alles war hellgrün. Sofort krachte es, und es gab laute Schläge, ob unsere Abwehr oder die Bomben das waren, wusste ich nicht, doch ich hatte fürchterliche Angst. Wir rannten, so schnell wir konnten. Auf dem abgeschrägten Bürgersteig vor dem Eingang des Frankfurter Hofs hatten Kinder eine Eisschleife gezogen; als ich darüber rennen wollte, krachte es wieder am

Himmel. In meinem Schreck fiel ich hin und konnte nicht mehr aufstehen, ich lag da wie gelähmt. Meine Mutter schrie mich an, doch ich war starr und steif, und immer wieder hörte ich die Schläge der Bomben. Meine Mutter schnappte mich am Handgelenk und zog mich das ganze, lange Stück durch den damaligen Hof bis zum Eingang des Kellers.
Ich kann mich noch erinnern, dass ihr ein Mann entgegen kam und mich aufhob, es war der Luftschutzwart, er trug mich steif in den Luftschutzraum. Ich war nicht verletzt, hatte mir auch nicht beim Fallen wehgetan, es war wohl ein Schock, aber damals wusste ich nicht, was ein Schock ist. Ich selbst konnte mir diese Steifheit später nicht erklären.
Im Keller des Frankfurter Hofes waren viele Leute, auch Nachbarn von uns. Eine Hausbewohnerin hatte ein kleines Baby, und sie wickelte es frisch. Die umherstehenden Kinder schauten alle zu, auch ich wollte zuschauen. Ich wusste zwar, dass es Mädchen und Buben gab, doch wo da der Unterschied war, das wusste ich nicht; während des Luftangriffs habe ich das erste Mal den Unterschied gesehen. Es krachte, donnerte und dröhnte furchtbar, der Keller bebte, alle hatten Angst. Eine Frau betete laut das Vaterunser und alle stimmten ein. Ich lag fest bei meiner Mutter im Arm, sie sprach leise, tröstend auf mich ein, sie merkte, dass ich große Angst hatte. Jemand sagte: „Dieses Mal trifft es uns!" Ich hatte Todesangst, ich konnte es nicht fassen, dass jetzt jeden Augenblick die Decke einstürzen würde, weil die Feinde uns bombardierten. Ich hatte ja schon Tote gesehen, ich wusste, was das war, zerfetzt dazuliegen und tot zu sein. Auch Kinder können schon Todesangst haben!
Wir sind an diesem Tag wieder einmal davongekommen, und die Puppen wurden fertig genäht.

DAS THEATER

Oft sind wir gemeinsam durch die Stadt gegangen, haben uns die Kriegsschäden angeschaut, und meine arme Großmutter hat fürchterlich gejammert und geklagt, das geliebte goldene Mainz lag in Schutt und Asche. Meine Mutter schimpfte, sowohl auf die Nazis als auch auf die Engländer, sie verfluchte beide Seiten. Der Krieg war allen verhasst, gleichgültig, wer schuld war. 1942 wurde unser schönes Theater bei einem Bombenangriff durch Brandbomben getroffen, es brannte teilweise aus. Später, am 27. Februar 1945, wurde das Theater noch einmal getroffen, doch das stabile Mauerwerk blieb stehen. Für die Bevölkerung war das ein großer Schock, die Mainzer liebten ihr Theater. Danach fanden Theateraufführungen im Pulverturm statt. Ich erinnere mich, dass ich nach Kriegsende einmal mit Oma ein Märchen im Pulverturm besuchte, wir mussten zum Eintrittsgeld noch pro Person ein Brikett zum Heizen mitbringen. Zwei Briketts hatten wir, jedoch kein Einwickelpapier, so wurde das Heizmaterial in einem Beutel aus Fahnenstoff transportiert.

TIEFFLIEGER

Wenn meine Mutter im Dienst war, hat Oma mich manchmal auf die Straße zum Spielen gelassen, ich musste aber ganz nah beim Haus bleiben, für den Fall, dass es Alarm gab. Ich wollte nur zwei Häuser weiter gehen, um den Schnauzerhund Harras im Hof des Lebensmittelgeschäfts Karra zu sehen, als plötzlich ohne Alarm Tiefflieger angeflogen kamen. Ich hörte das Rattern und Schießen sowohl von den Feinden als auch von unserer Abwehr, es war ein furchtbarer Lärm. Ich sah die Flieger und glaubte, sie hätten mich gesehen und würden jetzt auf mich zielen, ich klemmte mich in die kleine Hoftür von dem Haus Karra hinein, die Tür war verschlossen, so dass ich verzweifelt am Gitter stand, die Hände weit auseinander gestreckt, wie Christus am Kreuz. Ich schrie in Todesangst nach meiner Oma, das Rattattattattatt der Tiefflieger war furchtbar.

Oma hörte meine entsetzlichen Schreie und rief mir aus dem Küchenfenster zu, ich solle herüber rennen in unseren Hauseingang, die hätten es nicht auf mich abgesehen, sondern die Schießerei sei über der Rheinstraße. Durch mein eigenes Schreien hörte ich die beruhigenden Rufe meiner Oma nicht. Mein Herz klopfte, ich hatte Todesangst. Als die Tiefflieger fort waren, bin ich schnell und total geschockt zur Oma gerannt, die mich liebevoll tröstete.

DER SMOKING

Bei einem Bombenangriff wurden Häuser in der Rheinstraße getroffen. Durch den Luftdruck der Sprengbomben flogen auch in der Umgebung die Fensterscheiben und Türen auf, auch Gegenstände flogen gelegentlich weit durch die Luft. An einem Eckhaus zur Ignazgasse flogen Kleider aus einem Fenster bis zu unserem Haus. Auf einem Lindenbaum, der zwischen unserem Fenster und der Ignazkirche stand, hing oben in der Baumkrone ein Smoking. Der Besitzer dieses Smokings, ein kleiner hagerer Herr, stand unter dem Baum und jammerte immer, dass sich sein schöner Smoking oben in den Ästen verfangen hatte. Tagelang kam er klagend und rief: „Hier oben im Baum hängt mein schöner Smoking, mein schöner Smoking!" Natürlich hatten die anderen Leute andere Sorgen, und sie amüsierten sich über den jammernden Herrn, und natürlich, wie es früher so üblich war, hat der Mann seinen Spitznamen bekommen, er hieß jetzt in der Nachbarschaft „das Smokingche".

PFERDEFLEISCH UND SPLITTERSUCHE

Nach einem Bombenangriff ging die Kunde wie ein Lauffeuer durch die Altstadt, dass auf der Rheinstraße die beiden Pferde der Aktien-Bierbrauerei tödlich getroffen auf der Straße lagen.

Es war schon die schlechte Zeit, wo es nicht mehr viel zu essen gab, viele Leute rannten mit Schüsseln und Messern in die Rheinstraße und schnitten sich Fleischbrocken aus den toten Gäulen. Auch meine Großmutter säbelte an dem Kadaver herum und bekam noch etwas davon ab. Zum Schluss haben nur noch die Knochen der eingespannten Pferde vor dem Bierwagen gelegen.

Wir Kinder hatten einen Spaß daran, Bombensplitter zu sammeln. Nach jedem Bombenangriff suchten wir Splitter auf der Straße. Wenn wir dann wieder in den Luftschutzräumen waren, begutachteten wir gegenseitig unsere Trophäen. Wir bestaunten die bizarren Exemplare, und tauschten untereinander Splitter aus. Einige fleißige Splittersammler hatten es zu einer beträchtlichen Menge gebracht, oft einen ganzen Kasten voll, und waren besonders stolz auf ihre großen Exemplare.

ALS WIR DAS ERSTE MAL AUSGEBOMBT WURDEN

Es war der 8. September 1944, meine Mutter hatte ihre Freizeit. Wie so oft gab es wieder Fliegeralarm, wir gingen mit unseren Taschen in unseren Keller in der Augustinerstraße 48. Die ganze Hausgemeinschaft war im Keller versammelt. Es war ein großes altes Haus, das 1245 erbaut worden war und damals den Namen „zum Leheimer" oder „Lehnheim" hatte. Damals hatten die Häuser in Mainz noch keine Hausnummern, sondern Hausnamen.

Die Keller bestanden aus massivem Gewölbe. Vorne, Richtung Augustinerstraße, war der große gemeinsame Luftschutzraum, hinten in dem Gewölbe waren kleinere Keller und Gänge. Da die Häuser in früheren Jahren alle miteinander verbunden waren, hatten sie unterirdische Fluchtgänge, die von Nr. 48 aus bis zum Priesterseminar reichten, und auf der anderen Seite, in Richtung Himmelgasse, führten die engen Gänge unter dem Kapuzinerkloster hindurch bis in die Weintorstraße, in das Bruder Konrad-Stift, das früher einmal ein Gefängnis war. Wir hatten also einen sicheren, stabilen Keller; warum die kleinen engen Fluchtgänge im Krieg nicht passierbar waren, das weiß ich nicht.

In dem Keller waren immer für den Notfall Wasserflaschen und sonstige wichtige Sachen vorhanden.

Ich saß mit meiner Mutter auf einer Bank in der Mitte des Raumes; die besseren Ecken waren schon von anderen Nachbarn besetzt. Man hörte oben, dass Bomben fielen, alle Menschen waren still, es dröhnte und die Erschütterungen spürte man heftig; oben war die Kellertür geschlossen, aber nicht verriegelt, wegen des starken Luftdrucks.

Wird es diesmal unser Haus treffen? Es gab einen heftigen Krach, eine fürchterli-

che Erschütterung, ein Bersten und Beben, wie ich es noch nie vorher erlebt hatte, eine Sprengbombe hatte das Haus getroffen. Noch während des Krachens warf sich meine Mutter blitzschnell über mich, sie schützte mich mit ihrem Körper. Wenn der Keller einstürzte, so sollte der Schutt auf ihren Rücken fallen und somit mir, ihrem Kind, vielleicht das Leben retten.
Es fielen Steine und Verputz von der Decke, alles war voll mit dickem Staub, das Licht war erloschen, man konnte überhaupt nicht mehr atmen, so viel Staub war überall. Meine Mutter lag schwer auf mir, obwohl sie sich abzustützen versuchte. Was hatte ich für eine gute Mutter!
Ich hörte Hilde schreien, das Mädchen war vielleicht fünf Jahre älter als ich, sie schrie um Hilfe, schrie verzweifelt nach ihrer Mutter, sie schrie immer „Hilfe, Hilfe, ich ersticke, ich bekomme keine Luft!" Auch andere Leute riefen und schrieen, seltsame Geräusche waren zu hören, die Situation ist kaum zu beschreiben.
Ich rang nach Luft, der Staub raubte mir den Atem. Ich merkte, dass meine Mutter sich bewegte, sie griff unter die Bank, darunter stand zufällig ein Kasten mit Limonade, der unserem Hausherren gehörte. Meine Mutter riss ihr viereckiges Halstuch ab, zerschlug im Liegen den Hals der Flasche auf dem Kellerboden und tränkte damit ihren Schal. Das nasse Halstuch drückte sie mir fest ins Gesicht, auch ihr Gesicht drückte sie hinein. So lagen wir einige Zeit auf der Holzbank.
Langsam erhob sie sich und nahm mich in ihre Arme, noch immer das nasse süßlich riechende Tuch vor unseren Gesichtern. Ich weiß nicht mehr, wie lange wir so dasaßen, ich war wie benebelt, konnte eigentlich gar nichts mehr denken, ich weiß heute nicht mehr, ob ich überhaupt noch Angst hatte.
Ich hörte Stimmen rufen: „Wir sind verschüttet, wir können nicht mehr raus!" Jemand sagte, es wäre nur der Eingang verschüttet, wir würden gerettet werden. Wie lange wir in dem Keller ausharren mussten, das kann ich heute nicht mehr genau sagen; wir wurden aber herausgeholt. Jemand half uns die Kellertreppen hinauf, meine Mutter packte mich fest am Handgelenk, wir mussten über Schutt laufen, es war der Schutt von unserem eingestürzten Haus.
Überall war Rauch, es brannte, wir wurden im Rauch vorwärts getrieben, hinter uns waren mehrere Menschen, die von der Himmelgasse her rannten, auch dort waren viele Häuser zerstört und brannten.
Ich wurde von der Hand meiner Mutter am Handgelenk festgehalten. Man konnte nichts sehen, ich weiß heute nicht mehr, welche Tageszeit es war, alles war schwarz, und es brannte. Es waren Menschen vor und hinter uns, die uns antrieben. Ich spürte, dass ich auf etwas Weiches trat, was da nicht hingehörte, doch die Flammen und der beißende Rauch trieben uns fort. Als wir die Augustinerstraße überquerten, kamen uns Helfer entgegen, sie brachten uns in den Keller des Frankfurter Hofes, dort wurden wir versorgt.
Es war ein Aufruhr, alles war durcheinander, ich meldete mich sofort und sagte: „Drüben in den Trümmern liegt noch jemand, ich habe es gespürt, ich bin auf jemand getreten!" Ich bat verzweifelt die Helfer, sie möchten doch noch einmal

nachschauen, da läge bestimmt noch jemand in den Trümmern, ich war fast nicht zu beruhigen und schrie: „Ich habe jemand totgetreten!". Die Helfer beruhigten mich, ich sei auf einen Wasserschlauch der Feuerwehr getreten, drüben sei die Feuerwehr mit vielen Schläuchen und die seien so weich.

Am nächsten Tag, als das Feuer gelöscht war, fand man unsere Hausbewohnerin Frau Pfeufer tot auf dem Schutt liegen. Sie muss wohl als eine der Ersten aus dem Keller gekommen sein und auf den Trümmern gestürzt oder das Bewusstsein verloren haben. Niemand hatte es bemerkt auf der Flucht, sie wurde tot getrampelt von den nachfolgenden Fliehenden.

Noch lange ging mir der Tod von Frau Pfeufer nach, ich fühlte mich schuldig an ihrem Tod. Sie war eine ältere, dickliche, stille Frau, ich hatte sie immer im Haus begrüßt, doch viel gesprochen hatte sie nie mit mir.

Meine Familie tröstete mich, mein kleines Kinderfüßchen hätte die Frau nicht tottreten können. Nach mir waren es noch viele Menschen gewesen, die durch das Höllenfeuer mussten, keiner hatte etwas gemerkt.

Im Frankfurter Hof wurden die Verwundeten versorgt, auch meine Mutter war am Schienbein stark verletzt und bekam einen Verband. Es waren noch einige Mitbewohner verletzt, und mussten von einem Laienhelfer verbunden werden.

Laienhelfer waren Frauen und Männer, die in erster Hilfe ausgebildet waren, da die meisten Ärzte Kriegsdienst an der Front leisten mussten.

Wir gingen verschmutzt durch die Augustinerstraße, in Richtung Graben zu meinen Großeltern in die Kapuzinerstraße, dieses Haus war unversehrt, wir wurden glücklich aufgenommen.

Die meisten Häuser in dieser Gegend wurden zum Glück verschont.

Am nächsten Tag schauten mein Großvater, Mutti und ich nach, was mit dem Haus und der Wohnung passiert war. Der Volltreffer sprengte den vorderen Teil des Hauses, genau dort, wo der große Keller war, in welchem die gesamte Hausgemeinschaft saß. Ein Teil des langen Seitenhauses, sowie das Hinterhaus blieben stehen, wenn auch leicht beschädigt. Das Schlafzimmer und die kleine Küche blieben zwar erhalten, doch die Außenmauer klaffte weit auseinander, man konnte durch die Mauer das Mittelschiff und den Turm der schönen Augustinerkirche sehen, die glücklicherweise unbeschädigt blieb. Unsere Decke und der Fußboden waren auch ein Stück heruntergefallen, wir konnten jetzt oben und unten mit den Nachbarn von Wohnung zu Wohnung Gespräche führen.

Was das Schlimmste für meine Mutter war, ihr Radio, der Volksempfänger war zerstört, sie konnte jetzt nicht mehr schwarz hören, in dem Radiokasten lag ein großer Backstein, er hatte das Bakelitgehäuse durchschlagen.

Später reparierte meine Mutter ihren Volksempfänger, zum Teil mit Nähgarn, nur das Bakelitgehäuse blieb kaputt; aber sie konnte wieder abends heimlich die Nachrichten der anderen Seite hören.

Alle Fenster waren durch den Luftdruck herausgebrochen worden und überall lag Bauschutt herum.

Die Wohnung blieb vorläufig unbewohnt, doch das gerettete Mobiliar blieb zum Teil darin; wir wohnten bei den Großeltern.
Auf der gleichen Etage wohnte der Hausbesitzer, Herr Derlert, mit seiner Tochter. Fräulein Derlert war Organistin in der Christuskirche. Ich hatte sie immer sehr bewundert, da sie einen Flügel hatte, auf welchem sie wunderbar spielte. Die Seite, auf der unser Hausherr wohnte, lag völlig in Schutt und Asche; aus den Trümmern schaute ein Teil des Flügels heraus, man konnte der Tastatur sogar noch einige wenige, klägliche Töne entlocken.

DAS PFLICHTJAHR

Alle wehrfähigen jungen Männer wurden zum Kriegsdienst eingezogen, die Mädchen mussten dafür ein Pflichtjahr absolvieren.
Irmgard kam mit 14 Jahren zu einem Ehepaar, das in der Philippschanze wohnte. Herr K. war SS-Hauptsturmbannführer, deshalb hatte seine Ehefrau das Privileg, ein Pflichtjahrmädchen zu bekommen, obwohl sie nur ein Kind hatte. Andere Frauen mit nur einem Kind wurden kriegsdienstverpflichtet, sie mussten auf Männerstellen arbeiten.
Irmgard musste unter anderem auch die Wäsche waschen, damals gab es noch keine Waschmaschinen. Herr K. hatte starke Schweißfüße, und Irmgard ekelte sich vor dem starken Geruch, sie war auch ansonsten sehr unglücklich in dieser Familie. Obwohl die Familie alles hatte, was andere schon lange nicht mehr besaßen, kratzte Frau K. eigenhändig ganz hauchdünn die Butter auf das Brot des Pflichtjahrmädchens.
Irmgard wollte nicht mehr dorthin. Meine Großmutter ging mit mir, sie musste mich ja überall mit hinnehmen, da meine Mutter dienstverpflichtet war, kurzentschlossen zu Frau K. und erklärte ihr, dass ihre Tochter nicht mehr käme. Irmgard wurde daraufhin ins Landjahr zu einer Bauersfamilie Braum nach Gonsenheim vermittelt; dort hatte sie es sehr gut, sie bekam genug zu essen und wurde gut behandelt.

DIE VERKEHRSINSELN

Irmgard war 17 Jahre als sie einen Verehrer hatte. Das war auch natürlich, weil sie wirklich das schönste Mädchen in unserer Gegend war. Wie es damals üblich war, verabredeten sich Leute für den nächsten Alarm gemeinsam in einem vorher abgesprochenen Keller.
Meine Großeltern wollten mit Irmgard und mir in die Ignazkatakomben oder zum Übernachten in die Zitadelle, wenn es in jener Nacht Alarm gäbe. Irmgard wollte jedoch am Graben in den Nitzekeller, der wäre doch viel sicherer bei einem Bom-

benangriff. Es handelte sich dort um ein schönes Patrizierhaus mit großem Kellergewölbe.
Wie damals üblich, schliefen wir mit allen Kleidern, und die Schuhe standen vor dem Bett, als es nachts Voralarm gab. Jeder nahm sofort sein dazugehöriges Notgepäck, und wir eilten im Dunkeln in Richtung Graben.
Durch den Graben fuhr damals die Straßenbahnlinie Nr.1 nach Weisenau; es gab an der Haltestelle zwei kleine Verkehrsinseln, und der Verehrer wartete dort auf seine Angebetete.
Wir waren fast an der ersten Insel, als plötzlich die feindlichen Flieger anrauschten und es Hauptalarm gab. Gegenüber am Hauseingang Nitz wartete der „Romeo" auf sie, man konnte nur seine Zigarette aufleuchten sehen.
Der Schreck über den Hauptalarm und das Motorengeräusch der Flieger sowie das Aufleuchten der glimmenden Zigarette mussten Irmgard so nervös gemacht haben, dass sie die Insel im Dunklen nicht sah und mit ihrem gesamten Gepäck längelang hinfiel. Sie rappelte sich mit ihrem Gepäck auf, rannte weiter, und – plumps! – stolperte sie und fiel über die zweite Verkehrsinsel. Wieder raffte sie schnell ihre Habseligkeiten zusammen, die Flugzeuge waren jetzt laut zu hören, und meine Großmutter schrie: „Mach und eil dich, ich hör die Flieger kommen!" Wieder machte es im Dunkeln platsch! Irmgard hatte zum dritten Mal den Boden geküsst, als sie das Trottoir übersah, sie landete mit all ihrem Notgepäck direkt vor den Füßen ihres Verehrers. Dieser blieb mit seiner glimmenden Zigarette dicht unter dem Balkon des Patrizierhauses stehen, weil er annahm, unter dem Balkon sei er sicher vor den Bomben.
Die Mutter verlor jetzt völlig die Nerven und schrie im Dialekt: „Du narrisch Dusseldier, du bleed Trampeldier, du narrisch Quetsch, wegen dem Kumbeer müssen wir so weit laafe, und der steht nur da herum mit seiner Zigarett im Schnabbel, statt dir zu helfen, den kannst du gleich zum Deiwel jagen!" Die Romanze war zu Ende.
In dieser Nacht brannte es auch in den Patrizierhäusern am Graben, wir kamen aber alle sicher, mit Hilfe einiger beherzten Leute, aus dem Keller heraus.

EIN KELLERKIND

Meine Mutter hatte mit mir einen Spaziergang an den Rhein unternommen, als die Sirenen Voralarm gaben. Wir liefen, so schnell wir konnten, in Richtung Augustinerstraße. Als wir durch die Himmelgasse eilten, gab es Hauptalarm. Wir flüchteten in einen Keller; die Familien, die dort Zuflucht suchten, kannten wir größtenteils. Wie lange wir dort ausharren mussten, kann ich heute nicht mehr so genau sagen. Wir saßen ziemlich weit hinten, und ich wunderte mich, warum weiter vorne plötzlich Zwischenwände aus Betttüchern gespannt wurden; es war auch eine große Unruhe hinter den Betttüchern. Immer wieder hörte ich eine Frau stöhnen. Auf meine Frage, was da hinter den Tüchern sei, sagte meine Mutter, zu Frau B. käme jetzt

gleich der Klapperstorch und würde ihr ein Bobbelchen (Baby) bringen, dazu müsste er ihr in das Bein beißen.
Natürlich wollte ich den Klapperstorch auch einmal sehen und wollte dorthin, doch ich musste brav auf meinem Stuhl sitzen bleiben. Ich hörte einen lauten Schrei, und dann war es still. Jemand sagte: „Es ist ein Bub!" Große Freude war bei allen im Keller, aber ich war sehr enttäuscht: den Klapperstorch hatte ich weder ankommen noch abfliegen sehen, obwohl ich immer in die Richtung der Kellertreppe geschaut hatte.

DIE GLOCKEN VON SANKT IGNAZ

Ich erinnere mich noch sehr gut, als die Glocken der Sankt-Ignaz-Kirche abgeholt wurden; ihr Metall wurde für die Rüstung gebraucht. Viele Altstädter standen schweigend und traurig vor dem Kirchenportal. Mit dicken Seilen wurden sie langsam herabgelassen. Die Menschen nahmen schweigend von ihren geliebten Kirchenglocken Abschied.
Frau D., die Nationalsozialistin, rief von ihrem Küchenfenster herunter, nach dem Endsieg bekämen die Kirchen vom Führer viel bessere und schönere Glocken. Niemand pflichtete ihr bei, es war tiefe Trauer bei allen.
Als wir wieder zurück in unserer Wohnung waren, da schimpften meine Großeltern fürchterlich auf Frau D.'s Fanatismus, Besessenheit und Dummheit.

„GOLD FÜR EISEN!"

Es gab einen Aufruf, dass alle Leute ihr Gold und andere Juwelen abgeben sollten; jeder musste seinen Schmuck abliefern, dafür bekam man dann wertloses Eisen. Selbst Eheringe musste man für den Führer abgeben, man bekam dann einen Eisenehering als Ersatz.
Auch meine Familie wurde aufgefordert, ihren Goldschmuck abzuliefern. Meiner Mutter und Großmutter blieb nichts anderes übrig, sie brachten je einen Ring in das dafür zuständige Amt und behaupteten, sie hätten sonst nichts. Aus den Ringen wurden die Steine herausgebrochen, die durfte man behalten. Wir Kinder spielten danach mit den wertlos gewordenen echten Steinen.
Ich hatte später eine Freundin, die ein ganzes Streichholzkästchen mit Steinen zum Spielen besaß.

Ich kann mich auch noch sehr gut an die Kapuziner-Schwestern im Kloster der Ewigen Anbetung in der Dominikanerstraße erinnern. Bevor das Kloster zerstört wurde, wobei alle 41 Schwestern verbrannten, außer einer Nonne, die sich aus dem brennenden Kloster in Sicherheit brachte, war ich mit meiner Oma öfters in

der Kapelle. Man hörte an dem Altar hinter einer Wand die Nonnen beten und singen. Meine Oma erklärte mir, dass diese Schwestern immer hinter der Wand im Kloster blieben und nie hinaus ins Freie dürften. Ich fand das damals ganz schlimm, die Vorstellung, immer hinter dieser Wand im Kloster leben zu müssen.
Als bei einem Bombenangriff die Schwestern ums Leben kamen, da waren alle Mainzer sehr geschockt, denn sie verbrannten freiwillig, da sie ein Gelübde geleistet hatten, das Kloster nie zu verlassen.

MEIN GROSSVATER

Mein Großvater war von Beruf Maschinist und Kranführer, früher bei der Firma Minthe, später beim Wasserbauamt Mainz.
Da mein Großvater sich standhaft weigerte, in die Partei einzutreten, hatte er auch keine Chancen, während der Nazizeit einen guten Posten zu erhalten. Ein anderer Mann mit dem richtigen Parteibuch wurde auf seinen Platz gesetzt. Meinen Opa störte das nicht, er ging trotzdem nicht in die Partei.
Opa litt unter Asthma und konnte nicht mehr allzuviel leisten, deshalb brauchte er auch nicht zum Militär, obwohl er noch zweimal gemustert wurde. Ein deutscher Mann, nicht tauglich für den Kampf und noch nicht einmal in der Partei, was soll man mit so einem Menschen machen? Das Wasserbauamt hatte ein Lager in Kostheim, direkt am Main, dort wurde ein Nachtwächter gebraucht, das war genau der Posten für meinen Opa.
Beim Wasserbauamt oder in der Nähe, so genau weiß ich das nicht mehr, arbeiteten junge französische Gefangene. Meinem Großvater taten sie leid, er dachte immer an seinen verstorbenen Sohn, der jetzt auch in demselben Alter sein müsste. Er äußerte oft zu Hause: „Die armen jungen Kerlchen haben ja noch die Eierschalen hinter den Ohren, sie sind so jung und wollten den Krieg auch nicht!" Auf der Kostheimer Maaraue war damals viel wildes Gestrüpp, er versteckte die Gefangenen darin, und nach Dienstschluss brachte er sie mit nach Hause. Die Gefangenen durften sich nicht in der Öffentlichkeit sehen lassen und blieben in der Wohnung.

Michel Laplnhler (rechts vorne).

Mir hatte das viel Freude gemacht, jetzt hatte ich Gesellschaft.
Dédé konnte wunderbar Tiere aus Holz schnitzen, die er mir schenkte, und Maurice spielte mit mir. Ich fand das alles wunderbar, und mir war klar, dass ich mit niemand darüber sprechen durfte.
Eines Morgens brachte Opa Michel Lapinhier mit; er war schon etwas älter und sprach auch etwas deutsch. Vor Michel hatten die beiden anderen Gefangenen Respekt, er war bei der französischen Armee ranghöher als sie, doch für uns waren sie alle gleich.
Jetzt musste meine Mutter noch mehr mit ihrem Fahrrad aufs Land zu den Bauern fahren, um Essen zu besorgen.
Die Franzosen bekamen von uns private Kleider, und niemand merkte, dass es geflüchtete Gefangene waren. Wenn es Fliegeralarm gab, ging die Familie vorübergehend nicht mehr in die öffentlichen Luftschutzräume, sondern in den eigenen Keller, der nicht mit einem LSR-Pfeil versehen, aber trotzdem stabil gebaut war. LSR war die Abkürzung für Luftschutzraum; diese öffentlichen Räume wurden bei einer Verschüttung als erste ausgegraben. Die Mainzer sagten aber zu dieser Abkürzung: „Leichensammelraum!"
Da wir oft Stunden oder eine ganze Nacht in den Kellern ausharren mussten, wurden auch Liedchen oder Gedichte erfunden. Nach dem Schlager „Hörst du mein heimliches Rufen, öffne dein Herzkämmerlein", der damals überall gesungen wurde, sangen wir: „Hörst du das heimliche Rauschen, englische Flieger in Sicht, habt ihr heute Nacht auch Bomben mitgebracht, aber abwerfen dürft ihr sie nicht!"
Kinder dichteten im Meenzer Dialekt:

„Kaum hotts halber acht gebimbeld,
kimmt de Tommy oogerimbeld,
hott zwää Bombe unnerm Arm,
Achtung, Achtung, Fliescheralarm.
Alle Leit gehn in de Keller
unn die Oma noch viel schneller,
unn de Oba hinnenooch,
ach, was iss dess doch e Plooch.
Die Mudder kimmt mimm Kinnerwaache,
es Fritzje muss die Koffer traache,
es Liesje träschd de Potschomber
unn do komme schunn die Bomber!"

Wenn Soldaten auf Heimaturlaub waren und bei einem Bombenangriff im Keller saßen, hatten sie oft mehr Angst als an der Front. Sie sagten, an der Front kann man sich wehren und erkennt die Gefahr, doch hier unten, eingesperrt in den Kellern, ist man den Feinden hilflos ausgeliefert.
Als es gegen Kriegsende fast täglich Fliegeralarme gab, entschied sich unsere Fa-

milie, zum Schlafen in die Zitadelle zu gehen; dort gab es tiefe, große unterirdische Gänge mit vielen Menschen. Niemand hatte etwas gegen unsere Franzosen einzuwenden.
Mir gefiel es in der Zitadellenfestung sehr gut, dort durfte ich mit anderen Kindern spielen, es wurden Geschichten vorgelesen, Spiele gemacht und natürlich das beliebte Froschhüpfen. Hörten wir jedoch, dass oben bombardiert wurde – die Einschläge waren so heftig, dass man sie selbst in den tiefen Katakomben hörte – so erlosch jedes Spiel. Wir saßen dann alle still bei unseren Angehörigen. Wir Kinder hatten auch Angst, und doch verstanden wir es, wenn wieder alles vorbei war, die ganze Dramatik zu verdrängen und zu spielen.

DIE VERDUNKELUNG

In der Kriegszeit musste alles total verdunkelt sein, kein Lichtschimmer aus Häusern oder durch Taschenlampen durfte zu sehen sein. Es gab Leute, die kontrollierten, und man hörte , wenn jemand seine Taschenlampe auf der Straße hell angeknipst hatte, den Befehl: „Licht aus!" Die Fahrradlampen waren auch mit einer kleinen schwarzen Haube abgedeckt, durch die nur durch einen Schlitz ein Schimmer durchleuchtete. Auch die Autos hatten ihre Scheinwerfer abgedunkelt. Keine Straßenlampen brannten, man tappte im Dunkeln.
Ich erinnere mich noch, dass wir nach einer Entwarnung im Dunkeln die Treppe hinaufstiegen, man hatte seine Stufen damals abgezählt, um keine Stufe zu viel oder zu wenig zu haben und eventuell zu stürzen.
Auf dem Treppenabsatz zum ersten Stock spürte meine Großmutter jemand an ihrem Notgepäck vorbeischleichen, der von oben herunterkam. Es war ein Einbrecher, der während des Fliegeralarms in fremden Häusern auf Beute aus war. Unsere Vorplatztür war aus buntem Glas, und das schöne rote Glas mit dem Muster darin war zertrümmert, das Türschloss hatte aber standgehalten. Unter uns war der Einbrecher während des Fliegeralarms erfolgreicher, aber was das Übelste war, der Dieb hatte im Hausgang seinen Durchfall hinterlassen. Die gerufene Polizei klärte uns auf, dass dies Einbrechern aus Nervosität oft auf ihren Streifzügen passiere.

MEINE SCHULZEIT

Als ich 1943 in die Neutorschule eingeschult wurde, da waren die Zeiten nicht mehr so gut. Einige Kinder trugen noch eine Schultüte, die sie noch von den älteren Geschwistern hatten. Andere Kinder mussten auf so einen Luxus verzichten, weil es keine Tüten mehr gab.

Morgens bei Schulbeginn mussten wir uns in Zweierreihen, händehaltend, im Schulhof aufstellen. Geschlossen marschierten wir schweigend in den Schulraum. Danach standen wir still und kerzengerade in unserer Schulbank, und der Lehrer begrüßte uns mit einem lauten „Heil Hitler". Auch wir Kinder mussten den rechten Arm nach vorne hochheben und geschlossen ein lautes „Heil Hitler" rufen. In jedem Klassenzimmer hing ein großes Hitlerbild zwischen Tafel und Schreibtisch des Lehrers. Kein Kruzifix, kein Morgen- und Abschlussgebet waren erlaubt. Bei Schulende standen wir wieder stramm und riefen: „Heil Hitler."

Die Schulsitten waren sehr streng, war man unaufmerksam oder sprach leise mit seiner Nachbarin, so wurde man nach vorn an das Pult geholt, der Lehrer öffnete den Klassenspind und holte den Rohrstock heraus. Jedes Kind wusste dann schon, was das bedeutete. Der Lehrer hielt die Kinderhand am Gelenk fest, sodass die Handfläche nach oben zeigte, und dann zog er erst ein paarmal kräftig mit dem Rohrstock durch die Luft, sodass ein zischender Ton entstand, und danach schlug er fest auf die Finger. Das tat entsetzlich weh, und man hatte das Gefühl, die Finger wären gar nicht mehr vorhanden.

Auch Schläge ins Gesicht waren erlaubt.

Wir wurden angehalten, Lumpen und gebrauchte Kleider mit in die Schule zu bringen, die dann für Neukleidung und Uniformen weiterverarbeitet wurden. Bei einer gewissen Menge an Altmaterial bekam man Kleidermarken, die man sammeln konnte, um selbst etwas einkaufen zu können. Ohne Kleidermarken gab es in den letzten Kriegsjahren nichts mehr.

Auch Knochen wurden gesammelt, aus ihnen wurde Seife gemacht. Es gab im Krieg eine Seife aus Knochen, die schwamm oben auf dem Wasser, sie hieß deshalb auch Schwimmseife.

Im Herbst wurde uns Schülern gesagt, dass wir im Rosengarten Kastanien sammeln sollten; aus diesen wurde auch Seife hergestellt. Wer viele Kastanien ablieferte, bekam als Dank ein „Lob". Das Lob bestand aus einem kleinen Stückchen Papier, auf welchem ein Blümchen draufgedruckt war. Auch bei der Knochensammlung gab es ein „Lob"; wer 10 „Lobe" hatte, bekam vom Lehrer ein Bildchen. Ich bekam nie ein Bildchen.

Wenn es während der Schulzeit Fliegeralarm gab, durften nur die Kinder schnell nach Hause rennen, die ganz nah bei der Schule wohnten. Alle anderen Kinder mussten neben der Schule in einen Schutzraum gehen, der an der Unterführung, direkt neben der Neutorschule, am Südbahnhof lag.

Der Schutzraum hätte nie einem Angriff standgehalten. Wenn wir länger in dem Raum ausharren mussten, dann wurden manchmal an uns Kinder Äpfel ausgeteilt;

ich hatte dort aber immer große Angst und war froh, wenn die Sirenen Entwarnung heulten.

Es blieb nicht aus, dass in dieser Zeit, wo man in den Kellerräumen mit vielen anderen Menschen zusammenleben musste, viele Kinder Läuse auf dem Kopf hatten. Aus diesem Grunde kam regelmäßig eine Lausschwester in die Schulen und kontrollierte alle Kinderköpfe. Wer Läuse hatte, musste auf die linke Seite, die ohne Läuse auf die rechte. Es war meistens so halb und halb. Obwohl mich meine Mutter sehr sauber und gepflegt hielt, musste ich auch einmal auf die linke Seite. Ich war entsetzt, hatte Angst und schämte mich fürchterlich, die Tränen rannen mir über die Wangen, ich getraute mich kaum nach Hause.
Die Lausschwester (im Dialekt „Leisschwester") gab den befallenen Kindern einen Zettel mit nach Hause, und man musste einige Tage später zur Nachkontrolle. Meine Mutter und Großmutter wuschen mir den Kopf mit Spiritus und banden ihn eine Nacht mit einem weißen Turban zu. Einige Tage später erfolgte die ganze Prozedur noch einmal wegen der Nissen, das sind die Eier der Läuse. Bei der Nachkontrolle war ich lausfrei.
Nicht alle Kinder hatten das Glück, lausfrei zu sein, bei ihnen wurde vom Gesundheitsamt ein Mittel verabreicht, das Cuprex hieß. Hatte auch dieses Mittel keinen bleibenden Erfolg, so wurden die Kopfhaare kurzerhand abrasiert. Diese armen Kinder wurden dann auch noch gehänselt, in dem die anderen Kinder riefen: „Leisgretel", „Leiskopp", „Lausert" oder „Leisbonkert." Es kam öfters vor, dass geschorene Kinder im heißen Sommer eine Mütze trugen damit man ihren kahlen Schädel nicht sah; sie behaupteten dann, sie hätten Ohrenschmerzen und müssten deshalb eine Kapp tragen.

DIE TRAURIGEN UND DIE BÖSEN AUGEN

Meine Mutter vermied es, dass ich mit gewissen Kindern und Familien Kontakt hatte, da sie Sorge hatte, ich würde vielleicht doch einmal ein unbedachtes Wort sagen oder es könne mich jemand hinterhältig ausfragen. Die Sorge war aber unbegründet, ich wusste schon, auf welcher Seite wir standen, und mir war schon als Kind klar, dass ich über alles zu schweigen hatte, was in unserer Familie vor sich ging.
Meine Großmutter war nicht ganz so streng, sie vertraute mir und ließ mich mit den anderen Kindern vor der Ignazkirche oder in der Nähe spielen.
In der Nachbarschaft gab es ein Mädchen, das in der gleichen Klasse wie ich war. Ihr Vater war ein hoher SS-Mann, er hatte immer einen schwarzen SS-Anzug an und enge, schwarzglänzende hohe Stiefel. Die Familie hatte alles, was andere Leute nicht mehr hatten, und die Mutter des Mädchens lud mich öfters zum Spielen in ihre Wohnung ein, was ich aber immer dankend ablehnen musste, doch auf der

Straße durfte ich mit Hilde spielen. Die Familie R. wohnte im Parterre, und so wollte ich an der Haustür fragen, ob Hilde mit ihren Rollschuhen heraus auf die Straße käme.
Als ich zum Haus lief, war ihr Vater am Fenster und unterhielt sich mit einem anderen Mann auf der Straße, als ein Gefangener zufällig auf dem Bürgersteig am Haus vorbeiging. Herr R. sprach sehr übel über den Mann und meinte, solche Kerle hätten eigentlich nicht auf einem deutschen Bürgersteig zu gehen. Ich stand wie gelähmt vor dem Parterrefenster, schaute in die blauen traurigen Augen des jungen Gefangenen, der wohl alles gehört hatte, und sah dann die hasserfüllten, bösartigen Augen des Herrn R.. Betroffen und zerknirscht ging ich nach Hause; ich erzählte es nicht meiner Oma, aber nie mehr wollte ich mit Hilde spielen, ich mied das Haus und Hilde wie auch ihre Schwester. Hilde verstand nicht, warum ich sie mied und ihr in der Schule aus dem Weg ging, sie war für die Äußerungen und den Hass ihres Vaters nicht verantwortlich, doch als Kind konnte ich das nicht voneinander unterscheiden. Noch heute sehe ich diese beiden traurigen und die hasserfüllten Augenpaare vor mir.

DAS LETZTE STÜCK STREUSELKUCHEN

Bei einem Bombenangriff in Kastel wurde einer Verwandten von uns ein Fuß abgeschlagen, und sie wurde nach Mainz in das Städtische Krankenhaus eingeliefert. Sie war damals schon Kriegerwitwe und hatte zwei Kinder.
Meine Großmutter besuchte sie regelmäßig, wobei ich immer dabei war. Tante Gertrud lag wegen der vielen Fliegeralarme mit vielen anderen Verletzten im Krankenhauskeller. Es stand Bett an Bett eng nebeneinander. Die Luft war stickig, und es roch nach Krankheit.
Zu Anfang war Tante Gertrud sehr zuversichtlich und schmiedete Pläne für die Zeit, wenn sie wieder zu Hause bei ihren Kindern wäre. Sie bat meine Oma für die erste Zeit um Hilfe, bis sie einen künstlichen Fuß bekäme. Meine Oma sagte ihr die Hilfe zu und tröstete sie, dass man mit einer Fußprothese sehr gut laufen könne.
Einige Zeit später verschlechterte sich der Zustand der Tante, sie bekam einen Wundbrand. Die Ärzte amputierten ihr ein Stück des Beines. Noch immer hatte Tante Gertrud großen Lebensmut, doch ihre Gesundheit verschlechterte sich täglich. Der Brand ging weiter, und so musste das gesamte Bein amputiert werden. Meine Oma äußerte, dass es mit ihrer Großnichte nicht gut stehe, und sie ging jetzt täglich zu ihr in den Krankenhauskeller. Mich nahm sie nicht mehr mit, ich blieb bei Opa oder Irmgard.
Meine Oma kam eines Tages heim und berichtete, es ginge mit Gertrud zu Ende, sie hätte aber große Lust auf ein Stück Streuselkuchen. Oma versuchte mit unseren Lebensmittelkarten und einigen anderen Tauschobjekten, gute Butter und alle anderen Zutaten zu bekommen, und buk einen Streuselkuchen. Sofort brachte sie

den Kuchen in das Krankenhaus. Tante Gertrud, schon im Sterben, aß mit einem Heißhunger den Kuchen und sagte, es wäre der beste Streuselkuchen, den sie je gegessen hätte. Noch am selben Tag verstarb sie.
Ihre beiden Waisenkinder wurden von ihrer Schwester mit derem eigenen Kind aufgezogen. Später verlor auch die Schwester ihre Wohnung und musste einige Jahre auf ihren Mann warten, der in Kriegsgefangenschaft war.

Die schwer zerstörte Kirche St. Emmeran von der Emmeranstraße aus gesehen.

REZEPTE

Im letzten Kriegsjahr wurde es immer schlimmer, es wurde alles rationalisiert. Es gab wenig auf die Lebensmittelkarten. Bohnenkaffee gab es schon lange nicht mehr; man brannte aus Korn einen Malzkaffee, oft als Muckefuck bezeichnet.
Konnte man kein Getreide auftreiben, so gab es noch die Möglichkeit, getrocknete Erbsen in der Pfanne braun zu rösten, sie in der Kaffeemühle zu mahlen, und einen Kaffee daraus zu brauen.
Damit die Bevölkerung lernte, sparsam und mit wenig zu kochen, wurde ein Kriegskochbuch herausgegeben. Gerne aß ich gebrannte Grießmehlsuppe. In etwas Fett wurde der Grieß hellbraun angeröstet, dann mit Wasser aufgefüllt, dazu etwas Salz und gar kochen lassen.
Eine Delikatesse waren für mich Kartoffeln mit Braten, aber ohne Fleisch. Man bräunte Zwiebeln und Mehl an, goss Wasser dazu und schmeckte mit Gewürzen, die man noch zur Verfügung hatte, ab. Diese Soße goss man über die Kartoffeln.
Meine Oma brachte Irmgard bei, wie man einen Kartoffelkuchen backt, das war etwas Feines, besonders wenn noch Karotten mit im Teig waren.
Auf Lebensmittelkarten bekam man, wenn vorhanden, Nudeln und eine Zuteilung Zucker. Nudeln mit Zucker darüber gestreut, das war mein Lieblingsessen.
In Kostheim gab es die Zellulose-Fabrik, dort wurde für die Bevölkerung Nährhefe hergestellt. Diese wurde vom damaligen Staat als sehr gesund angepriesen. Auch meine Mutter kochte eine Suppe aus Nährhefe, die jedoch so scheußlich sauer schmeckte, dass ich mich daraufhin erbrechen musste. Nährhefe bestand hauptsächlich aus Pappe und Hefe, was sonst noch alles in dem Gemisch drin war, das weiß ich nicht. Ausgesehen hat das blättrige Pulver hellgrau-braun, und es roch auch trocken säuerlich.
Die Zeiten waren hart, aber nach Kriegsende wurden sie noch härter.

DER TEDDYBÄR

Bei einem Alarm waren meine Großeltern mit mir bei Familie Schickert am Markt, ich weiß aber nicht mehr so genau, aus welchem Anlass, es muss aber nach dem 8. September 1944 gewesen sein. Jedenfalls konnten wir nicht mehr nach Hause und mussten die Nacht bei Schickerts im Keller verbringen. Mein Großvater bekam ein notdürftiges Bett in einem Liegestuhl, und mir machte Frau Schickert ein schönes Nachtlager auf dem Boden. Der kleine Sohn Norbert hatte seine beiden Teddybären mit in den Keller genommen, und wir spielten zusammen. Da wir damals schon zum ersten Mal ausgebombt waren, bat Frau Schickert ihren Sohn, mir doch einen Teddy abzugeben, da ich keinen mehr hätte. Norbert drückte mir einen seiner Teddys in den Arm, ohne darüber traurig zu sein; er teilte gerne mit einem ausgebombten Kind.

DER 27. FEBRUAR 1945

Es war ein schöner sonniger Tag, und wie immer wurde ich von Oma in der Kapuzinerstraße 50 gehütet.

Oma hatte ihren Waschtag. Am Abend vorher wurde die Wäsche in Henko eingeweicht, danach mit Waschpulver (wenn es gab, Persil) auf dem Küchenherd in einem Zinkwaschtopf gekocht. Am anderen Tag wurde in die Mitte der Küche auf zwei Hocker die große Zinkbütte gestellt, ein Waschbrett dazugegeben und die gekochte Wäsche mit der Waschbrühe hineingeschüttet. Dann wurden die noch verbleibenden Schmutzstellen mit einer Waschbürste bearbeitet, bis sie sauber waren. Waschmaschinen gab es damals ja noch nicht.

Ich durfte dabei helfen und wusch in der Waschbrühe meine Puppenkleider. Plötzlich ertönte der gefürchtete Hauptalarm, und schon hörte man die Flieger ankommen, es ging alles ganz schnell. Es krachte schon irgendwo. Oma schnappte mich am nassen Arm und schrie: „Schnell, schnell in den Keller, die Bomben fallen schon!" Oma hatte ihre Zahnprothese im Küchenschrank liegen, selbst diese konnte sie nicht mehr mitnehmen. Wir rannten beide ohne unser sonstiges Notgepäck so schnell, wie wir konnten, über die Straße, hinüber in den Ignazkirchenkeller. Am Kellereingang erwischte uns beide ein starker Luftdruck vom Abwurf der Bomben. Wir wurden die Treppe hinuntergeschleudert, Jemand half uns, sodass wir doch sicher im Quergang der Katakombe landeten. Einige Leute waren schon im Keller, andere kamen noch schreiend und rufend hinter uns.

Ich hörte die Leute laut beten, auch wir beteten laut. Wir hörten es dröhnen, krachen, schwere Einschläge, alles zitterte und bebte. Ich hatte im Arm meiner Oma große Angst, ich dachte, jetzt kommt alles auf uns herunter, wir werden alle wieder verschüttet, liegen alle tot unter der Kirche, die ganze Kirche fällt auf uns. Wo war meine Mutti, wo der Opa, wo unsere Irmgard? Das Krachen, Rumpeln und die Einschläge hörten überhaupt nicht mehr auf. Der ganze Keller bebte, einige Leute weinten, andere versuchten Trost zu spenden, viele klammerten sich aneinander und baten immer wieder Gott um Hilfe.

Wie lange der fürchterliche Angriff gedauert hat, kann ich gar nicht mehr sagen, für mich war er ewig lang. Es fiel auch an verschiedenen Stellen Verputz von der Decke, und die Erschütterungen waren für uns alle schlimm. Die schöne alte Ignazkirche bekam auch Schäden ab, es waren aber, Gott sei Dank keine Volltreffer, sie blieb stehen.

Als wir keine Bombeneinschläge mehr hörten, gingen einige Mutige vorsichtig die Treppe hinauf, um nachzuschauen, was passiert war. Sie riefen zurück in den Keller: „Alles brennt, ganz Mainz brennt!" Es gab keine Entwarnung mehr, alles war kaputt. Bei unserem Haus brannte das obere Stockwerk, überall war Feuer und Rauch, es war ganz dunkel, obwohl es noch Tag war. Die Menschen rannten nervös und kopflos herum, sie riefen und suchten ihre Angehörigen.

Meine Oma befahl mir, zurück in den Keller zu gehen, sie müsse schnell noch in dem brennenden Haus einige wichtige Sachen herausholen. Sie kam auch mit Fe-

derbetten und Decken, sie brachte es sogar fertig, ihre Singer-Nähmaschine die Treppe herunterzuziehen und in den Ignazgarten zu stellen.
Irgendwann war ich doch wieder oben und hob Kissen und Kleidungsstücke auf, die meine Oma aus dem Fenster warf. In der guten Stube, die nur bei ganz besonders hohen Festen geöffnet wurde, lag eine Brandbombe auf der Chaiselongue. Die anderen Räume brannten schon lichterloh, der Qualm war zu stark, sie musste die Wohnung verlassen. Oma rannte noch einmal in den Hauskeller, dort waren für den Notfall einige Sachen eingelagert, um da noch etwas zu retten. Obwohl schon die ersten Balken und Trümmer herunterfielen, konnte sie noch im Dunkeln einen Karton erwischen, den sie in Panik auch noch in den Kirchengarten brachte.
Wir standen sprachlos vor unserem brennenden Haus, die Flammen schossen hoch in den Himmel, es knisterte, und die Funken flogen in Richtung Rheinstraße, es war schwarze Nacht am helllichten Tag. Wir sahen die Feuersbrunst aus unseren Fenstern schlagen, drinnen verbrannten meine Spielsachen, meine schöne Puppenküche, mein Teddybär.
Die gute Stube, die mit schönen Möbeln aus Nussbaum eingerichtet war, das Vertiko, auf welchem das Grammophon stand, oder der Divan mit seinen handgestickten Richelieudeckchen, alles, alles ging in Flammen auf. Es gab keine Feuerwehr mehr, es gab nur noch Chaos, ganz Mainz brannte und war zerstört.
Plötzlich faszinierten mich die roten Funken, die zum Himmel flogen, ich sagte begeistert: „Lauter Goldfische fliegen in den Himmel." Wie muss es in diesem Moment meiner armen, tapferen Oma zu Mute gewesen sein, sie stand hilflos vor ihrer brennenden Wohnung, alles war verloren, sie stand vor dem Nichts, wie so viele an diesem schrecklichen Tag, und ich als Kind sah die Funken als schöne Goldfische an. Kinder empfinden vieles anders als Erwachsene, sie kommen schneller über das Leid und die Not hinweg: Vergessen werden Kinder diese Kriegserlebnisse nie, doch sie verarbeiten sie besser als Erwachsene.
Lange standen wir am Katakombeneingang der Ignazkirche und schauten zu, wie das Haus abbrannte und in sich zusammenstürzte. Die Außenmauern des stabilen Hauses blieben stehen, sie wurden später wieder aufgebaut.
Als Oma und ich die geretteten Habseligkeiten in die Katakomben trugen, fluchte und schimpfte sie über einen schwarzen Pappkarton, den sie als Letztes aus dem dunklen Keller gerettet hatte; sie hatte in der Panik den Karton mit den Fastnachtskostümen statt des Wäschekartons ergriffen. Später fand ich das sehr gut, mit den Masken konnten wir Kinder uns verkleiden.

Gegenüber unserem Haus, im Garten der Ignazkirche, steht eine Kreuzigungsgruppe von Hans Backoffen aus dem Jahr 1519, auch sie war durch den Luftdruck stark beschädigt. Den Figuren fehlten Arme und Beine. Später wurde auch sie restauriert, und man kann sie heute wieder bewundern.
Die Kapuzinerstraße kam bei diesem Angriff noch gut davon; die alten Fischerhäuser blieben verschont, doch die gesamte Holzstraße und die Rheinstraße waren

ein Flammen- und Trümmerfeld, ebenso wie die gesamte Stadt.
Leute suchten nach ihren Angehörigen. Ein Nachbar kämpfte sich durch die Trümmer am Graben in Richtung Augustinerstraße, die zum größten Teil auch verschont geblieben war; als er zurückkam, berichtete er, dass der Leichhof, die Domhäuser, sowie der gesamte Markt zerstört seien, aber der Dom noch stehe. Ich hörte, wie die Umstehenden erleichtert sagten: „Gott sei Dank, der Dom steht noch, so lange der Dom noch steht, ist Mainz nicht verloren."
Meine Oma war verzweifelt, sie hörte, dass am Markt kein Haus mehr heil wäre,

Blick auf den Dom inmitten der Ruinen und Trümmer von der Schusterstraße aus.

und überall lägen Tote und Verletzte auf der Straße.
Irmgard war inzwischen achtzehn Jahre alt und absolvierte eine Lehre bei der Parfümerie Schickert am Markt, die damals auch Seife, Waschpulver und ähnliche Sachen verkauften. Was war mit Irmgard, lebte sie noch oder war sie tot?
Die verlorene Wohnung war jetzt für meine Großmutter nicht mehr wichtig, sie sorgte sich nur noch um ihre verlorene Familie; alle waren unterwegs, wo hat der Angriff sie alle erwischt? Konnten sie einen sicheren Keller oder Bunker erreichen? Jeder, der von einem Fliegeralarm überrascht wurde, konnte in jedem Keller Zuflucht suchen. Wo waren sie? Meine Mutter, die Essen zum Unterhalt der Familie

organisieren musste? Irmgard am Markt? Opa beschäftigt beim Wasserbauamt, hatten sie die Bombardierung überlebt?
Nach einiger Zeit kam Opa von der Rheinstraße her die Ignazgasse herauf, er hatte einen dicken Holzbalken auf der Schulter, er hoffte, dass unser Haus verschont geblieben wäre, und der Balken sollte Ofenholz werden, doch es gab keinen Ofen mehr zum Heizen. Ich rannte meinem Großvater entgegen und wollte ihm berichten, was passiert war, doch als Opa das ausgebrannte Haus sah, warf er seinen Balken auf den Boden und sagte wörtlich: „Oh, leck mich am Arsch!"
Mein Großvater war in Kostheim gewesen und sah von dort aus, dass Mainz in Flammen stand.
Es muss von der anderen Rheinseite aus schrecklich ausgesehen haben. Die ganze Stadt war schwarz und brannte. Er wollte sofort über die Eisenbahnbrücke zu uns herübereilen, doch auf dem Brückenweg waren viele Wegplatten in den Rhein gefallen. Mehrere Leute, so erzählte er, wären in ihrer Panik sogar in den Rhein gefallen. Großvater, als Angestellter beim Wasserbauamt, versuchte die Leute zu warnen, doch auch auf der Brücke muss ein chaotischer Zustand geherrscht haben. Wo die Brückenplatten fehlten, kletterte Opa über die Stahlkonstruktion und schaffte es, auf unsere Rheinseite zu kommen. Den Holzbalken benutzte er als Verbindungssteg auf den Stahlverstrebungen.
Wo unsere drei Franzosen an diesem Tag waren, das weiß ich nicht mehr.
Unsere Katze „Grauchen" war verschwunden, wir haben sie nie mehr gefunden.
Opa wollte an den Markt eilen und Irmgard suchen, doch der Rauch und die Trümmer versperrten ihm den Weg, er konnte wegen seines Asthmas auch nur schwer atmen.
Endlich kam meine Mutter mit ihrem Fahrrad und dem Kartoffelkorb an, sie sah nur mich, sie nahm mich fest in ihre Arme, drückte mich und ließ mich überhaupt nicht mehr los. Immer wieder sagte sie: „Du lebst, Gott sei Dank, du lebst." Ich merkte, dass sie etwas Fürchterliches erlebt haben musste. Später erzählte sie es uns.

Am Abend kam endlich auch Irmgard von der Templerstraße über die total zerbombte Rheinstraße in die Ignazgasse zu uns. Jetzt war die Familie wieder vereint, jetzt waren alle glücklich; obwohl ausgebombt und ohne Dach über dem Kopf – wir waren alle am Leben!
Irmgard war mit der Familie Schickert, die direkt am Dom wohnte, in den Keller geeilt. Rundherum flogen die Bomben, alles wurde durch Spreng- und Brandbomben zerstört, es gab viele Verschüttete und Tote dort. Auch das Haus Schickert bekam eine Brandbombe in den Dachstuhl. Die Haushälterin, Fräulein Anna, war so beherzt und warf die brennende Bombe aus dem Fenster, sodass sie in diesem Haus keinen Schaden mehr anrichten konnte, doch rundherum war alles in Trümmern.
Der Dom war nur leicht beschädigt. Es grenzte an ein Wunder, dass die Türme den

vielen Bomben stand gehalten hatten, alle waren an dem dicken Gemäuer abgeprallt. In den kleinen Domtürmen saßen bis hoch oben Menschen auf den Wendeltreppen, die schon vorher keinen Keller mehr gehabt hatten oder unterwegs vom Fliegeralarm überrascht worden waren und deshalb dort Schutz gesucht hatten. Der Dom war an diesem Tag eine Zuflucht für viele Menschen; welch ein Wunder, dass die Bomben alle an ihm abprallten. Später erzählte uns eine Frau, dass alle Leute in den Domtürmen laut gebetet und Gott um Hilfe gebeten hätten. Die Angst und Verzweiflung muss auch dort furchtbar gewesen sein.
Im Inneren des Domes waren während der Kriegszeit die Altäre und Kunstwerke zum Schutz zugemauert worden. Transportable Gegenstände waren eingekellert. Erst einige Tage nach der Feuersbrunst fing das Mittelschiff des Doms durch Funkenflug an zu brennen.
Nachdem das Trümmergrundstück nach einigen Tagen abgekühlt war, gruben mein Großvater und meine Mutter den Keller aus. Sie mussten einige Tage schaufeln, bis sie ihn freigelegt hatten. Im Keller waren Wertgegenstände eingelagert, die wollte man jetzt herausholen. Als der Eingang endlich frei war und sie hineinstiegen, war noch alles an seinem Platz, sowie sie die Gegenstände angriffen, zerfiel alles zu Staub, alles war verglüht, nichts war mehr zu gebrauchen.
Eine kleine, rote, herzförmige Wandblumenvase, welche Irmgard aus dem Schwarzwald als Andenken einmal mitgebracht hatte, fanden wir später unversehrt in dem Schutt; das Rot der Glasur war verbrannt, doch das erhabene Schwarzwaldmädchen mit seiner bunten Tracht hatte noch alle Originalfarben. Sonst war nichts Brauchbares mehr in den Trümmer zu finden.

Und hier ist das schreckliche Erlebnis, das meine Mutter auf ihrem Rückweg hatte: Meine Mutter fuhr am 27. Februar mit ihrem Fahrrad nach Mombach, Kartoffeln und Gemüse besorgen. Ich wäre gerne mitgekommen, musste aber wegen der täglichen Angriffe bei Oma und Opa bleiben. Früh fuhr sie mit dem Spankorb auf dem Gepäckträger ab.
In Mombach angekommen, musste sie mit der Bauersfamilie deren Keller aufsuchen, da es Alarm gab. Mainz wurde wieder bombardiert. Der Vorort Mombach blieb an diesem Tag bis auf einige Häuser weitgehend verschont.
Meine Mutter hatte Angst um uns: Sind wir getroffen worden, leben wir noch? Sie fuhr, so schnell sie konnte, nach Mainz. Unterwegs sah sie das Grauenhafte. Überall lagen Menschen tot oder verletzt auf der Straße, sie musste mit ihrem Rad über die Trümmer steigen, die Angst um ihre Familie saß ihr im Nacken. Auf der Straße lag ein totes Kind, sein ganzes Gesicht war verstümmelt, man konnte es nicht mehr erkennen, nur die blonden Haare waren noch zu sehen.
In der Kriegszeit gab es auf Kleidermarken für Kinder braunen Krimmerstoff zu kaufen, das war ein Wollgemisch und sah ähnlich wie Lamm- oder Persianerfell aus. Die meisten Kinder trugen damals solche Mäntel, auch ich hatte von meiner Oma so einen Mantel genäht bekommen. Dieses tote Kind hatte den gleichen

Krimmermantel an. Meine Mutter glaubte, ich wäre ihr nachgelaufen und wäre im Bombenhagel getroffen worden. Sie war verzweifelt, sie knöpfte dem verstümmelten Kind den Mantel auf, um zu sehen, ob ich es war. Das Mädchen hatte ein anderes Kleid an. Geschockt fuhr sie oder kletterte sie mit ihren Kartoffeln auf dem Rad über die verschütteten Straßen, von der Neustadt bis hin zur Altstadt in die Kapuzinerstraße. Als sie bei uns zu Hause ankam, war ihr die ausgebrannte Wohnung unwichtig, sie drückte mich ganz fest an sich und hielt mich lange in ihren Armen, sie liebkoste mich und ließ mich überhaupt nicht mehr los, dann erzählte sie, immer noch geschockt, was sie erlebt und gesehen hatte. Ihr geliebtes Kind lebte, doch ein anderes unschuldiges Mädchen im gleichen Alter war Opfer dieses sinnlosen Krieges geworden!

Meine spätere Stiefoma wohnte in der Schießgartenstraße. Sie konnte aus dem brennenden, einstürzenden Haus noch unversehrt aus dem Keller kommen, doch als sie im Freien war, wusste sie nicht mehr, wo sie sich befand. Sie stand in Rauch und Trümmern und verlor die Orientierung, sie wusste nicht mehr, wo sie hin sollte. Viele Davongekommene irrten ziellos und verstört durch die Ruinen. Der Qualm raubte ihnen den Atem, sie drohten zu ersticken. Ein Soldat, der sich zur Aufgabe gemacht hatte, zu helfen, so gut er konnte, versuchte den Leuten die Richtung zum Rhein zu zeigen, am Rhein waren sie sicher, am Rhein gab es Sauerstoff. Meine gute Stiefoma wurde von dem Soldaten in den Arm genommen, und er brachte auch sie zum rettenden Fluss. Wörtlich sagte er zu ihr: „Kommen Sie, Frauchen, ich bringe Sie in Sicherheit, ich bringe Sie zum Rhein!" Unser Fluss war der Lebensspender, dort konnten die armen Menschen atmen.

WIEDER IN DER AUGUSTINERSTRASSE

Am Abend gingen wir in die halbzerstörte Wohnung meiner Mutter in der Augustinerstraße 48. Wir waren fünf Personen und hatten ein kleines Schlafzimmer sowie eine winzige Küche. Die Außenwand der Küche war stark zerstört, ein breiter Riss von ca. 60 Zentimetern klaffte in der gesamten Brandmauer; man konnte jetzt hinüber zur Augustinerkirche schauen, die verschont geblieben war.

Für mich als Kind war das ein interessantes Erlebnis, durch eine so dicke Mauer den Glockenturm der Seminarkirche zu sehen. Da der Augustinerkirche das Priesterseminar angeschlossen ist, nennen wir Mainzer sie „Seminarkirche."

Im Schlafraum war die andere Wand teilweise zerstört, sie passte nicht mehr zur Decke und zum Fußboden. Zwischen Wand und Decke verlief quer ein Riss, und wir konnten sowohl hinunter in die Parterrewohnung als auch hinauf in die obere Wohnung sehen. Der vordere Teil des Hauses war ein Trümmerhaufen. Das Hinterhaus blieb verhältnismäßig verschont, allerdings gab es im ganzen Haus keine Fen-

sterscheiben mehr.
Meine Mutter war eine tatkräftige, mutige Frau, sie besorgte Backsteine, von denen ja genug auf den Trümmern zu finden waren, und mauerte die Risse alle zu; nur die Decke im Schlafzimmer war nicht zu reparieren, ein dicker Balken war locker, doch sie versuchte, ihn zu stabilisieren.
Wir hatten jetzt wieder ein Dach über dem Kopf und einen Kohlenofen zum Kochen und Heizen.
Der Winter 1945 war extrem kalt, doch wir waren zufrieden: die Familie lebte, und wir hatten zwei Betten für insgesamt fünf Personen, andere Leute hatten viel weniger, sie schliefen auf dem Boden.
Die Augustinerstraße hatte früher eine in Sand eingebettete Holzpflasterung; dort, wo Einschläge die Straße zerstört hatten, lagen die Holzpflaster herum. Einige Leute verfeuerten diese; sie brannten sehr gut, da sie mit einer Bitumenmasse getränkt waren. Auch einige Nachbarn verfeuerten die Augustinerstraße. Mein Großvater war allerdings streng dagegen, man solle nicht noch mehr Schäden anrichten, als schon da waren.

UNSERE TAPETE

Wo meine Mutter die vielen Hitlerbilder ergatterte, das weiß ich nicht, sie kam nach Hause und hatte ein dickes Paket mit Bildern von Hitler dabei. Es war sehr gutes Papier, die beste Qualität. Meine Mutter tapezierte die verputzten Risse an der Wand mit Hitlerbildern, jedoch nicht mit dem Gesicht nach vorne, sondern mit dem Gesicht auf die Wand geklebt oder genagelt. Mir wurde gleich eingeimpft, dass ich niemand sagen dürfe, dass auf der Rückseite das Gesicht von Hitler sei. Meine Mutter war schon seit dem 8. September 1944 wegen ihrer Beinverletzung arbeitsunfähig. Jetzt hätte sie sowieso nicht mehr den städtischen Omnibus fahren können, es gab nichts mehr, keine Straßenbahnen, keine Schienen, keine Omnibusse, nichts mehr.
Für mich war das eine schöne Zeit: abends malten meine Mutter und ich auf die Rückseite der restlichen Hitlerbilder schöne Landschaften, Burgen, Schlösser, Blumen, alles, was uns gerade so einfiel. Diese Kunstwerke waren es, die unsere kaputte Wand schmückten.

Da wir zu viele Bewohner in der engen Wohnung waren, ging man so oft wie möglich hinaus ins Freie. Wir liefen über die Trümmer in die Stadt, schauten uns alles an, was zerstört war, suchten Verwandte und Freunde, und meine Familie war sehr traurig über das, was da geschehen war. Oma jammerte am meisten: jetzt hatte sie große Verachtung nicht nur für den Hitler, sondern auch für die Engländer; sie hatten das schöne goldene Mainz in Schutt und Asche verwandelt.
Ich erinnere mich noch gut, als Oma vor der zerstörten Stadthalle stand: es war die

gute Stube der Mainzer Bevölkerung, die 1882-84 von dem Stadtbaumeister Kreyßig erbaut worden war; noch heute ist eine Straße nach ihm benannt. Die Außenfassade der Stadthalle stand noch, die Treppen, das schön verzierte Mauerwerk, einige Figuren waren noch vorhanden.
Einige Jahre später, bei dem Wiederaufbau, riss man diese Überreste dummerweise ab, das sehe ich heute noch als einen großen Fehler an.
Das Städtische Theater war schon 1942 ausgebrannt, die dicken Mauern hielten den Flammen stand, die Eingänge waren mit Brettern zugenagelt. Meine Familie betrauerte auch das schöne Theater, das von dem berühmten Baumeister Georg Moller errichtet worden war. Zum Glück wurde nicht der gleiche Fehler bei den Theaterresten begangen wie bei der Stadthalle: 1951 wurde das Theater wieder aufgebaut.
Die damalige Orgel war eine Spende der Mainzer Bevölkerung; bei einem späteren Umbau wurde sie wieder entfernt, auch das war ein Fehler.
Die Monumente unseres berühmten Bürgers Johannes Gensfleisch, genannt Gutenberg, sowie des großen Deutschen Friedrich Schiller blieben unversehrt, da sie rechtzeitig im Krieg neben ihren Sockeln in die Erde eingegraben worden waren. Ich habe nicht vergessen, wie Gutenberg in sein schützendes Grab gelegt wurde. Viele Leute standen an der Grube, es war wie eine Beerdigung, auch meine Oma, mit mir an der Hand, war dabei.
Die Mainzer waren schon damals alle sehr bedrückt, man ahnte schon, dass alles noch viel schlimmer kommen würde.
Oft fand man gar nicht mehr die früheren Straßen und Plätze, die Trümmer lagen überall. Ruinen ragten gespenstig in die Luft, Eisenträger waren durch die Hitze verbogen. An Hausfassaden klebten Zettel, oder man ritzte mit Steinen Lebenszeichen an, um die Angehörigen zu finden. Man schrieb oder kratzte Nachrichten für Hinterbliebene. Es galt jetzt, zu überleben und wieder zusammenzufinden.
Die Tage nach dem verheerenden Bombenangriff vergingen mit Organisieren; es war sehr kalt. Jeder kletterte auf den Trümmern herum und suchte nach brauchbaren Sachen, besonders Feuerholz wurde gebraucht, aber auch zerbeulte Töpfe und alles Mögliche konnten die Menschen gebrauchen.
Aus Kellerfenstern und halbverfallenen Häusern schauten Ofenrohre heraus.
Die Obdachlosen mussten sich Wohnungen teilen; gab es in den Zimmern keine Schornsteine, so klopften die Leute ein Loch durch die Wand oder in die Fensteröffnung, um ein Ofenrohr hindurchzustecken. Durch den Luftdruck zersprungene Fenster durften nur teilweise verglast werden, da es nicht genug Glas gab. Die anderen Fenster wurden mit Presspappe zugenagelt.
Für mich als Kind war es eine schöne Zeit, ich wurde von meiner Mutter nicht mehr so schwer bewacht. Oma und ich liefen durch die verwüstete Stadt und schauten nach den Ruinen und suchten Freunde und Angehörige, während meine Mutter versuchte, sich in die Vororte durchzukämpfen, um bei bekannten Bauern Lebensmittel zu bekommen.

Mein Großvater war mit Feuerholzhacken beschäftigt und führte kleinere Reparaturen an der Wohnung aus.
Die Neutorschule war stark beschädigt, und so fiel auch der Schulbesuch aus, was ich wunderbar fand. Selbst wenn die Schule noch in Ordnung gewesen wäre, niemand hätte noch seine Kinder zur Schule geschickt, man wusste ja nicht, was noch kommen würde und wie alles weitergehen sollte.
Viele Menschen wohnten in den Trümmern, bauten notdürftigen Unterschlupf oder hausten in Kellern. Es gab keine Männer mehr, die Frauen mussten alles selbst organisieren. Die meisten Frauen und Mütter wussten nicht, wo ihre Männer und Söhne waren, ob sie überhaupt noch lebten oder ob sie tot oder irgendwo in Gefangenschaft waren.
Mein Vater kehrte schon früher aus dem Krieg zurück; er hatte einen Oberschenkelhalsbruch und lag zwei Jahre in Bamberg in einem Lazarett, das wussten wir aber nicht. Mein Vater ist auch einige Jahre später an den Spätfolgen des Schussbruchs gestorben. Einige Splitter wanderten durch seinen ganzen Körper, sie waren inoperabel, und er musste zeitlebens starke Medikamente einnehmen, aber seinen Mainzer Humor behielt er trotzdem bei.
Es sprach sich damals alles herum, so auch, dass die schöne runde Kuppel der Christuskirche noch tagelang nach dem Angriff brannte. Die Stahlkonstruktion der Kuppel glühte über Tage. Auch wir gingen zur Christuskirche, und meine Oma war entsetzt und tieftraurig, böse Worte und Flüche über die damaligen Politiker auf allen Seiten kamen über ihre Lippen.
Links der Neutorschule gibt es eine Bahnunterführung; in dieser hausten mehrere Frauen mit ihren kleinen Kindern. Sie wohnten Monate, ich glaube, sogar über ein Jahr dort. Sie schliefen auf Säcken oder Lumpen auf dem kalten Boden, sie hatten alte Ölfässer zu Heiz- und Kochöfen umgebaut, die Ofenrohre dazu ragten am Unterführungseingang und -ausgang in den Himmel. Es gab keinen Mann, der ihnen hätte helfen können. Jeder der in Richtung Stadtpark oder Oberstadt ging, kam zwangsläufig an diesen armen Familien vorbei. Heute, wenn ich im Kalten durch die Unterführung gehe, denke ich noch oft an diese tapferen Frauen.
Die Menschen damals waren erfinderisch; aus Stahlhelmen wurden Kochtöpfe, Schüsseln und Siebe gemacht. Auch von den noch vorhandenen Kasernen besorgte man Militärgeschirr. Jeder versuchte etwas zu bekommen, die stehengebliebenen Kasernen wurden leer geräumt, alles konnten die Menschen gebrauchen. Andere Wohnungssuchende zogen in die leeren Kasernen ein, sie wohnten oft über viele Jahre dort.
Auch wir hatten große Wasserkannen und Aluminiumschüsseln zum Waschen und Spülen aus einer Kaserne.
Wer einen Leiterwagen oder Kinderwagen besaß, hatte großes Glück; mit diesen konnte man alles transportieren und über Land ziehen zum Quanteln oder Schrotteln.
Die Militärkleidung der Soldaten war ein gedecktes Grün, die Frauen änderten die

Männerkleidung geschickt zu Damenmode um. Wer Glück hatte und aus einer Kaserne noch Wolldecken ergattern konnte, hatte etwas zum Zudecken, und warme Wintermäntel waren daraus auch zu schneidern.
Die Frauen waren erfinderisch. Aus Zuckersäcken, die aus Jutematerial waren, wurde Strickwolle hergestellt. Wenn man die Säcke aufzog und die Fäden kochte, bekam man eine starke helle Wolle zum Stricken oder Häkeln. Die gekochten, nassen Jutefäden wickelte man fest über ein Holzbrett und hängte sie über den Ofen zum Trocknen, damit sie glatt wurden.
Auch alte Stricksachen, die man aufzog, machte man nass und wickelte sie über ein Brett, damit sie wieder glatt zum Verarbeiten waren.
Die Nähmaschine hatte Oma gerettet, und sie leistete uns allen gute Dienste. Meine Mutter brachte mehrere nationalsozialistische Fahnen mit nach Hause; wo sie diese „organisiert" hatte, weiß ich nicht mehr. Oma nähte aus den Nazifahnen Kleider und Taschen. Taschen waren damals sehr wichtig, mit ihnen konnte man alles transportieren.
Es sprach sich herum, dass am Binger Schlag die Fabrik ausgebrannt war, welche Nähgarn herstellte, in den verkohlten Trümmern würden noch Nähgarnrollen liegen. Viele Frauen machten sich auf den Weg dorthin. Auch Oma und ich liefen zum Binger Schlag und suchten in den ausgebrannten, Räumen nach Garn. Es roch alles stark verkohlt, doch einige angesengte Rollen Garn konnten wir noch finden.
Die Bettbezüge des Militärs waren damals blau-weiß kariert; es war gute Qualität, und die Leute nähten sich davon Kleider. Man sah damals die meisten Frauen mit hübscher blau-weiß karierter Mode durch die Straßen gehen. Niemand nahm Anstoß, dass alle den gleichen Stoff als Mode trugen; man hatte ja Fantasie, jeder entwarf seinen eigenen Kleiderschnitt. Auch Irmgard und ich hatten Kleider von Oma aus Militärstoff genäht bekommen, mir gefielen die Militärknöpfe so gut an meinem Soldatenmantel.
Wer Glück gehabt und sein Haus oder seine Wohnung behalten hatte, musste mit ausgebombten Leuten teilen, es gab Einweisungen. Jede Familie bekam für sich einen Raum, die Küche und Toilette benutzte man gemeinsam. Für die Küche gab es festgelegte Koch- und Benutzzeiten. Für das Brennmaterial hatte jeder selbst zu sorgen. Streitigkeiten blieben nicht aus, da der eine vielleicht etwas mehr zum Kochen als der andere hatte. Mit fremden Menschen eng in einer Gemeinschaft zu leben bringt immer Probleme.
Da es in Mainz nicht genug Unterkünfte für die Ausgebombten gab, wurden viele Menschen in umliegende Dörfer oder weit entlegene Gegenden zwangsevakuiert. Die Bäuerinnen waren aber gar nicht so einverstanden mit der Evakuierung der Städter, obwohl auch ihre Männer im Krieg waren und sie die Landwirtschaft alleine bearbeiteten. Man verlangte von den Ausgebombten, dass sie fleißig mit im Haus und auf den Feldern arbeiten. Die Unterkunft und Verpflegung mussten sich viele mit harter Arbeit verdienen.

Wo heute der Kaufhof steht, befand sich damals der Vorgänger „Tietz"; auch das große Warenhaus Tietz war Opfer der Bomben geworden.
Gegenüber stand die wunderschöne Christophskirche, auch sie war zerstört. Der goldene Kelch dieser Kirche lag viele Tage unten in den Trümmern des Kaufhauses, er war vom Luftdruck bis dorthin geschleudert worden. Wo der Kelch später hinkam, das weiß ich nicht; er sah völlig unbeschädigt aus.

Es gab kein Trinkwasser mehr, die unterirdischen Wasserleitungen waren defekt. Wer in der Nähe eines Brunnens wohnte, der die Bombardierung heil überstanden hatte, konnte sich gut versorgen. Das Hänleinsbrünnchen in der Kapuzinerstraße funktionierte noch. Die Leute standen dort geduldig mit Gefäßen und Eimern in langen Schlangen. Da wir jetzt wieder in der Augustinerstraße wohnten, war der Weg doch weit, deshalb holten wir nur Trinkwasser von dort.
Die beiden Brünnchen am Gallusplatz und Mauritzenplatz waren verschüttet.
Der Rhein war der Lebensspender für uns Mainzer. Das Wasser war damals sauber, und viele Leute holten es auch als Trinkwasser nach Hause.
Die Wäsche wurde mit Rheinwasser sauber und weich. In der warmen Zeit benutzten die Frauen gerne die „Meenzer Wäschbriggelcher". Die Waschbrücken waren auch gut, um Neuigkeiten auszutauschen, sie ersetzten die Zeitung, die auch nicht mehr existierte.
Auch die Kanalisation war zerstört. Die Leute mussten auf den Eimer oder in den Trümmern ihre Notdurft verrichten.
Ich vergesse nie, wie ein Mädchen, das etwas jünger war als ich und mit dem ich auf den Trümmern in der Weintorstraße nach brauchbaren Sachen suchte, ausrutschte und genau in die Hinterlassenschaften eines ausgeschütteten vollen Nachteimers fiel. Ihre ganze Kleidung und das Gesicht waren voll mit Kot. Statt sich am Rhein zu säubern, lief Ute zu ihrer Mutter nach Hause und rief vor dem Haus in der Himmelgasse: „Mama, Mama, ich bin uff de Trümmer in die Scheiße gefalle!"
Überall lagen Trümmer herum, niemand kannte sich noch in seiner Heimatstadt aus, doch die Bevölkerung behielt ihren Lebenswillen. Jeder, der körperlich noch in der Lage war, zu arbeiten, half Steine zu sortieren und aufzuschichten. Die Hauptstraßen wurden freigeschaufelt und die Steine am Straßenrand aufgestapelt.
Auch wir Kinder halfen dabei, und wir sahen es nicht als schwere Arbeit an, wir halfen gerne. Die Frauen leisteten Schwerstarbeit, von Bandscheibenschäden habe ich damals nie etwas gehört. Die ganzen und auch halben Backsteine waren Material zum Bauen und Ausbessern, auch Holzbalken aus den Trümmern wurden gebraucht. Alles fand wieder eine Verwertung.
Wenn meine Mutter auf der Suche nach Verwertbarem oder Essbarem unterwegs war, fing für mich eine schöne Zeit an. Meine Oma war froh, wenn ich an die frische Luft kam, und ermahnte mich, nicht weit zu gehen. Das brauchte ich auch nicht, in der Himmelgasse und Rheinstraße waren genügend Trümmergrundstükke, die ich begehen konnte, um etwas Interessantes zu finden.

Mein Spielkamerad Kurt begleitete mich oft. Kurtchen und ich waren gute Freunde und wir kletterten gerne in halbverfallene Keller oder auch auf halbeingestürzte Ruinen hinauf. Wir sammelten Holz zum Heizen, suchten Töpfe oder verbeultes Geschirr. Besonders gerne suchten wir Splitter und andere Bombenteile, die waren ein gutes Spielzeug und Tauschmaterial unter uns Kindern. Wir saßen in den Trümmern zusammen und begutachteten unsere Trophäen.
Wenn ich Feuerholz nach Hause brachte, wurde ich von Oma und Opa sehr gelobt, und ich war stolz darauf, auch etwas für die Gemeinschaft geleistet zu haben.
Hausmüll gab es damals keinen, alles wurde verbrannt für das Kochen und Heizen. Wir bekamen eine Zuteilung von Kohlen, es handelte sich aber mehr um Kohlengrus. Da der Grus Kohlenstaub war und so nicht im Ofen brannte, feuchtete man ihn mit etwas Wasser an, dann brannte er besser.
Streichhölzer gab es auch keine mehr; wir nahmen einen Fidibus, das war ein Stück gedrehtes Papier, und zündeten damit das Feuer an. Zeitweise hatten wir auch kein Papier mehr, und die Nachbarn halfen sich untereinander, indem sie sich auf einer Schaufel gegenseitig das Feuer reichten. Unsere Nachbarin kam öfters mit einer Schaufel und einem Brikett zu uns, sie bat, es bei uns anbrennen zu dürfen. Hatte das Brikett Feuer gefangen, so trug sie es schnell auf der Schaufel in ihren Ofen. Hatte man das Glück, Briketts zu besitzen, die sehr gut und lange hielten, so packte man abends ein Brikett in ein nasses Papier oder eine Zeitung und legte es auf die ausgehende Glut; das Brikett schwelte dann langsam bis zum frühen Morgen durch, und man zündete seine Restglut wieder mit einem neuen Brikett oder Trümmerholz an, so brauchte man keine Streichhölzer. Leider waren aber Briketts schwer zu besorgen, man nannte sie damals das „schwarze Gold".
Oft entflohen Oma und ich der Enge unserer kleinen Wohnung und spazierten durch Mainz. Immer hatten wir die selbstgenähten Taschen dabei, man konnte ja vielleicht etwas ergattern oder finden.
Die schöne Kirche Sankt Peter war auch den Bomben zum Opfer gefallen, doch das äußere Mauerwerk und die beiden Zwiebeltürme standen noch, obwohl ihre Zwiebeldächer zerstört waren. Doch einige Zeit nach der Zerstörung fiel durch einen Sturm der rechte Turm zusammen. Das sprach sich in der Stadt wie ein Lauffeuer herum, und die Mainzer waren geschockt, dass der Turm noch nachträglich herunter fiel. Heute ist die Peterskirche mit ihren Doppeltürmen wieder aufgebaut und ist wunderschön.

Die Holzstraße war total zerstört, und der mittelalterliche Holzturm hatte auf beiden Seiten von unten bis oben einen breiten Riss in seinen dicken Mauern; der Turm, der früher einmal ein Gefängnis war und den berühmten Schinderhannes als Häftling beherbergt hatte, klaffte weit auseinander.
Nach einigen Jahren wurde der Holzturm durch starke Eisenbandagen wieder zusammengedrückt.

Abends hörte meine Mutter mit ihrem wieder reparierten Volksempfänger den Schwarzsender ab. Mit viel Geduld suchte sie die Stimme Amerikas oder den englischen Sender, beide brachten Nachrichten in Deutsch. Unsere Franzosen hörten auch oft mit, und alle waren sich einig, dass es bald mit dem Krieg vorbei sein würde.

UNSERE HAUSGEMEINSCHAFT

Das Vorderhaus Augustinerstraße 48 war ein großes Trümmerfeld, und immer noch schaute der Konzertflügel zwischen den Balken und Steinen hindurch. Das Seiten- und das Hinterhaus waren weitgehend verschont geblieben. Ein Teilstück der Ruine war nicht gänzlich eingestürzt, jedoch sehr einsturzgefährdet, aber selbst in diesen baufälligen Zimmern richteten sich Wohnungssuchende wieder ein.
Es wohnten auf jeder Etage vier Familien. Als später die Kanalisation wieder hergestellt worden war, hatten wir gemeinsam eine Toilette. Auch unter und über uns wohnten je vier Familien in teils baufälligen Behausungen.
Die Hausgemeinschaft war sehr gut, man half sich untereinander. Geputzt wurde nach einem abgesprochenen Plan. Jeder achtete auf Sauberkeit, obwohl zu Anfang das Wasser von weit her geholt werden musste. Trotz großer Not bestahl niemand den anderen.
Wenn jemand in Erfahrung brachte, wo etwas Essbares zu bekommen war, so wurde das allen im Hause schnell mitgeteilt.
Nach einiger Zeit gab es am Abend für eine Stunde elektrisches Licht, auch am Morgen leuchtete für kurze Zeit die Glühbirne. Es durfte aber nur eine einzige schwache Glühbirne angeschaltet werden. Später funktionierte die Stromversorgung etwas besser, trotz allem mussten die Leute Strom sparen.
Die Alliierten brauchten keinen Strom zu sparen, sie hatten genug Elektrizität. Die Amerikaner waren sogar so verschwenderisch, dass sie selbst am Tag, bei Sonnenschein, ihre Lichter anließen, sie waren es so gewöhnt. Wir sagten darüber, die Amis sind zu faul, ihren Lichtschalter auszuknipsen.

Die Mutter meines Spielkameraden Kurt wohnte auf der gleichen Etage wie wir; ihr Mann war im Krieg gefallen. Meine Mutter und sie freundeten sich an, und man unterstützte sich gegenseitig. Da wir keine Schule mehr hatten, unterrichtete meine Mutter uns beide zeitweise. Wir verstanden es aber gut, uns vom Lernen abzusetzen und spielten lieber in den Trümmern.

Früher hatte unter uns ein älterer Junggeselle, Herr Schulmerich, gewohnt. Er hatte eine eigene Schreinerwerkstatt im Hinterhaus und war Mitglied in der Kolpingfamilie.
Als die Wohnungsnot größer wurde, erklärte er sich sofort bereit, seine Wohnung

mit einer ausgebombten Familie zu teilen. Es zog eine Familie B. bei ihm ein. Sie waren im Haus nicht beliebt, da sie in der NSDAP waren. Es dauerte auch gar nicht lange, und sie brachten es fertig, den braven Herrn Schulmerich aus seiner eigenen Wohnung zu drängen. Ohne seine Möbel musste er jetzt in seiner Schreinerei wohnen. Gegen ein Parteimitglied hatte ein katholisches Kolpingmitglied keine Chancen.
Als es allmählich dem Kriegsende zu ging, war die Familie plötzlich mit allen Möbeln des Herrn Schulmerich verschwunden.
Danach zog in die leere Wohnung unter uns eine alleinstehende, ausgebombte Briefträgerin, Frau Schwarz, ein. Da es aber keine Briefe mehr auszutragen gab, war auch ihre Beschäftigung, Brauchbares in den Trümmern zu suchen.
Frau Schwarz hatte einen Sohn, der von Beruf Schauspieler war, sie wusste zu Anfang nicht, wo er sich aufhielt. Später erfuhr sie, dass er bei ihrer Mutter in Thüringen Unterschlupf gefunden hatte. Als Frau Schwarz die Nachricht vom Tode ihres Ehemannes erhielt, hat sie nicht getrauert; sie sagte, es sei das Beste, was ihr hätte passieren können, dass sie jetzt Witwe wäre, ihr Mann hätte sie immer geschlagen; nichts Schönes hätte sie in ihrer Ehe gehabt.
Frau Schwarz kam jeden Abend zu uns in die Wohnung zum Erzählen und Aufwärmen.
Da unsere Wände nicht mehr passend zu den Decken und Fußböden standen, hatten wir ein eigenes, kostenloses Haustelefon. Man brauchte nur in die Ritze nach unten oder oben zu rufen und konnte sich so mit den Nachbarn unterhalten.
Das Kriegsende nahte, jeder wollte Frieden, die Bevölkerung war am Ende mit den Nerven, die Nazis waren verhasst. Selbst wir Kinder wussten: bald brauchen wir nicht mehr in die Keller zu gehen, bald ist der Krieg vorbei.

DIE SPRENGUNG DER BRÜCKEN

Kurz vor dem Einmarsch der „Feinde" wurde in Mainz bekannt gegeben, dass nachts um 24 Uhr die Rheinbrücken gesprengt werden würden. Wir lagen in den Betten und waren alle wach; es war für meine Familie eine traurige Nacht. Wir hatten Verwandte und Freunde auf der anderen Rheinseite, jetzt konnte man nicht mehr über die schönen Brücken gehen. Wann würden wir uns wieder besuchen können? Die Detonation der Sprengung war sehr stark, sodass bei uns der billige Fensterersatz, eine Presspappe aus Sägemehl und sonstigem undefinierbarem Zeug, am Schlafzimmerfenster vibrierte und das Zeitungspapier, das die Presspappe in den Ecken zusammenhielt, herausfiel. Unsere baufällige Wohnung erzitterte, Putz und Mörtel rieselten auf die Betten und den Boden. Alle waren tief traurig über diese sinnlose Sprengung.
Für meinen Opa war somit auch der Dienstweg nach Kostheim beendet.

Die alte Eisenbahnbrücke mit der Notbrücke, aufgenommen im September 1950

KURZ VOR DEM EINMARSCH DER ALLIIERTEN

Es entstand in der Mainzer Bevölkerung eine Unruhe. Täglich wurden von irgendwelchen Leuten Hetzparolen verkündet: Die Feinde kämen und würden auch das

Wenige, das von den Bomben verschont geblieben war, noch zerstören. Die Mainzer seien Kämpfer, Mainz sei eine alte Festungsstadt, Mainz dürfe nicht aufgeben. Unsere versteckten Gefangenen konnten es kaum noch abwarten, bis die Befreier kamen, sie freuten sich auf die Freiheit. In den letzten Wochen kamen immer mehr Gefangene, Polen, Russen und andere Nationalitäten. Sie suchten in der zerstörten Stadt Unterschlupf, und viele Leute nahmen heimlich die Gefangenen auf. Auch unsere Nachbarin versteckte mehrere Männer im Keller.
Für Kurt und mich war das lustig, wir hatten immer Gesellschaft. Da es sich nur noch um kurze Zeit handeln konnte, bis die Befreier kämen, schleppten alle Leute in unserem Haus ihre Habseligkeiten in die Kellerräume; die Gefangenen halfen tatkräftig dabei.
Außer zwei alten Männern gab es auch niemand, der den alleinstehenden Frauen hätte helfen können, Möbel und Sonstiges in die Keller zu transportieren; man war froh, dass die Gefangenen halfen. Einige machten sich auch nützlich, indem sie Holz hackten. Ein Problem war, dass für die vielen Menschen zu wenig Essen da war, aber das Wenige, das jeder hatte, wurde mit den Gefangenen geteilt.
Meistens gab es eine dünne Kartoffelsuppe mit Zwiebeln, oft ohne Salz.
Brot gab es keines mehr. Die meisten Bäckereien waren sowieso zerstört, und die noch heil waren, hatten kein Mehl, keine Hefe und kein Feuermaterial.
Getrocknete Äpfel, in Wasser eingeweicht, waren eine Abwechslung für uns.
Da jetzt niemand mehr in den baufälligen Wohnungen übernachten wollte, richteten sich alle Hausbewohner in ihren Kellerverschlägen zum Schlafen ein. Die einzelnen Kellerabteilungen waren nur durch Holzlatten abgetrennt, und man konnte alles von den anderen hören und sehen. Wer noch eine Petroleumlampe oder eine Kerze hatte, leuchtete allen. Mein Großvater war auch glücklicher Besitzer einer Petroleumlampe, doch sie durfte nur sparsam leuchten, weil das Petroleum sonst nicht reichte.
Für die Notdurft stellten die Mitbewohner Eimer in den großen Luftschutzraum, der durch die Bombardierung am 8. September 1944 nicht mehr zum Schlafen geeignet und auch sehr nass war.
Ich fand diese Nachtlager wunderbar, eng nebeneinander liegen auf Matratzen oder Strohsäcken, für mich war das romantisch, ich hätte ewig mit so vielen Menschen im Keller übernachten können. Bevor wir einschliefen, wünschten wir uns alle eine gute Nacht und baldigen Frieden.
In der Ferne hörten wir einige Tage Kanonen- und Artillerieschüsse, sie kamen immer näher. Die letzten fanatischen Nationalsozialisten liefen durch Mainz und verkündeten Hiobsbotschaften. Sie wollten die Menschen zum Widerstand aufhetzen, sie hatten aber bei uns im Haus bei niemand Erfolg. Immer wieder erscholl der Ruf: „Mainz ist eine Festungsstadt, Mainz ergibt sich nicht. Die Mainzer kämpfen bis zum letzten Blutstropfen!" Meine Familie machte sich über solche Fanatiker lustig, und der Gruß von Götz von Berlichingen war an der Tagesordnung.
Es gab auch Berichte über Gräueltaten. Einige Nazis erzählten, dass in Essenheim

kein einziges Haus mehr stehe, alle Einwohner seien erschossen worden. Die Frauen hätte man vergewaltigt, bevor sie umgebracht worden seien. Ich wollte wissen, was das ist, vergewaltigen, meine Mutter und Oma erklärten es mir nicht, sie umschrieben es mit den Worten „mit Gewalt totschlagen". Gleichzeitig beruhigte mich mein Opa, das alles sei nur Propaganda, die Nazis würden alle lügen, ich bräuchte keine Angst zu haben. Er hatte Recht, Essenheim steht heute noch, und die Einwohner blieben auch am Leben.

Wir waren schon zum Schlafen auf unseren Matratzenlagern, als einige Fanatiker in den Keller stürmten und riefen, wir müssten uns verteidigen, die Feinde kämen mit großen Flammenwerfern und würden uns alle in den Kellern verbrennen. In den Vororten wären schon viele Menschen durch Flammenwerfer verbrannt, überall würden die verkohlten Leichen herumliegen.

Ich hatte fürchterliche Angst, ich wollte nicht durch Flammenwerfer sterben. Ich stellte mir das in meiner Fantasie so schlimm vor, wenn die „Feinde" unsere Kellertreppe herunter kämen und durch den langen Seitengang die Flammen abschössen. Opa tröstete mich, das sei alles nicht wahr, die Sieger wären nicht so schlimm, es würde alles gut werden.

Ich war aber misstrauisch geworden: Irgend jemand musste lügen, waren es die anderen Leute oder meine Familie?

Ich glaubte, meine Angehörigen wollten mich nur trösten, weil ich Angst hatte, sie wussten sicher, dass wir bald alle sterben müssten.

Die Donnerschläge in der Ferne waren für mich ein Zeichen, dass etwas ganz Schlimmes passieren würde; Tag und Nacht hörten wir Kanonen- und Artilleriedonner, und ich hatte Angst.

Unsere vielen Gefangenen waren ruhig, doch auch sie hatten Angst. Michel meinte, es wäre besser, in die tiefen, sicheren Zitadellengänge zu gehen, aber unsere Familie wollte ihre wenigen Habseligkeiten nicht zurücklassen, wir blieben in unserem eigenen Keller.

Vielleicht wollte meine Familie deshalb nicht in die Zitadelle, weil sich dort noch deutsches Militär verschanzt hatte.

Kurtchen schlief mit seiner Mutter und dem kleinen Bruder Horst im Nebenverschlag, doch er war still, keiner von uns dachte jetzt noch an Spiele.

DER EINMARSCH

Vor dem Einmarsch der Alliierten hörten wir die ganze Nacht Schüsse und Panzergeräusche. Niemand schlief mehr, abwechselnd wachten Hausbewohner am Kellereingang.

Am 21. März ging die Kunde um, die deutsche Armee sei aus der Zitadelle geflüchtet. Sofort rannten einige Kinder und Jugendliche dorthin, um nachzusehen, ob noch Proviant in den Räumen zurückgelassen worden war.

Irmgard ist auch mitgeeilt, es lagen aber nur noch Kartoffeln auf dem Boden, sonst nichts mehr. Als sie noch die Kartoffeln aufraffen wollten, rollten dort die ersten Panzer von Richtung Oberstadt (Hechtsheim und Bretzenheim) heran.
Das große Zitadellentor war verschlossen: Ein Panzer brach es auf, aber sie fanden keine deutschen Soldaten mehr, die Zitadelle wurde kampflos eingenommen. Die deutsche Armee war geflohen.
Irmgard und die anderen Jugendlichen hatten große Angst; sie glaubten, sie würden jetzt erschossen, und drängten sich dicht an die Zitadellenmauern. Neben den Panzern marschierten Infanteristen mit Gewehren, sie schauten vorsichtig nach allen Seiten und in alle Eingänge und Ecken, doch von den dortigen Kindern und Jugendlichen nahmen sie keine Notiz. Als Irmgard zu uns zurückgekehrt war, berichtete sie, dass die Befreier schon die Zitadelle besetzt und nicht geschossen hätten.
Früh morgens, am 22. März, hörten wir die lauten Panzer kommen. Sie zwängten sich durch die kleinen engen Gassen; es gab keine Schüsse. Opa und unser französischer Freund Michel Lapinhier wagten sich als erste aus dem Keller.
Der alte Schreiner Schulmerich hatte weißes Krepppapier, das er noch zum Ausschlagen der Särge besaß, an eine Holzlatte genagelt und auf unser Trümmergrundstück gesteckt. Auch uns versorgte er mit weißen Papierfähnchen.
Meine Mutter wagte sich auch auf die Straße, und jemand rief in den Keller, dass die Befreier da seien, mit großen, dicken Panzern, und überhaupt nicht schössen. Jetzt hielt mich nichts mehr zurück; ich wollte auch hinauf in die Augustinerstraße, schauen, was da los war. Auch unsere ausländischen Gefangenen kamen mit erhobenen Händen herauf. Oma hatte Angst und befahl, dass Irmgard, damals ein hübsches Mädchen von 18 Jahren, nicht mehr auf die Straße dürfe, sie meinte, ihr könne vielleicht doch etwas passieren.
Die Panzer zwängten sich durch die Trümmer in Richtung Innenstadt. Bei uns kamen sie von der Neutorstraße und der engen Jakobsbergerstraße zum Graben, dann durch die Augustinerstraße in Richtung Leichhof und Dom. Es war für sie leicht, die Trümmer zu überqueren, es fiel kein einziger Schuss.
Auf den Panzern saßen viele schwarze Amerikaner. Ich hatte noch nie im Leben einen schwarzen Mann gesehen. Ich war erstaunt, dass es so etwas gab, und mein Opa klärte mich auf, es seien Neger, die hätten so eine schwarze Hautfarbe. Für mich war das eine Sensation, einen schwarzen Menschen zu sehen. Ich rannte, so schnell ich konnte, zum Kellereingang und rief immer wieder: „Oma, Oma, eil dich, komm schnell herauf, hier oben sind rabenschwarze Neger, so rabenschwarze Neger hast du noch nie gesehen, Oma, komm, die Neger machen nichts!"
Dass auch einige helle Soldaten auf den Panzern saßen oder rechts und links mit Gewehren zu Fuß liefen, interessierte mich nicht, ich staunte nur über so schwarze Neger.
Inzwischen kamen immer mehr Leute mit weißen Tüchern aus ihren Kellern und Verstecken in die Augustinerstraße und jubelten den Soldaten auf den Panzern zu.

Niemand sprach Englisch, alle riefen jubelnd „huhu,huhu" und winkten freundlich. Auch die Besatzer winkten uns zu, und einige hatten Filmkameras, mit denen sie uns filmten.
Es war ein richtiges Freudenfest, alle jubelten, und kein einziger Schuss fiel. Die Festungsstadt Mainz hat sich kampflos und erleichtert ergeben.
Ich war glücklich, die „Feinde" waren friedlich und hatten keine Flammenwerfer dabei!
Nachdem ich immer wieder in den Keller gerufen hatte, dass alles gut sei und die schwarzen Neger nicht schössen und auch keine Flammenwerfer hätten, kam endlich auch meine Großmutter mit Irmgard auf die Straße. Sie waren erleichtert und winkten den Soldaten.
Die Soldaten warfen uns kleine eckige Plätzchen zu. Einige Leute meinten, man solle doch Vorsicht walten lassen, sie könnten ja vergiftet sein. Doch die Leute waren zu ausgehungert, um noch vorsichtig zu sein, sie stürzten sich auf die Plätzchen, die die Notration der Besatzer und sehr hart waren, man konnte sich die Zähne an dem Gebäck ausbeißen.
Michel Lapinhier gab sich als Gefangener zu erkennen und bekam sogleich von den Amerikanern einen Patronengurt mit Waffe um seine Privatkleidung; sie nahmen ihn mit sich.
Meine Mutter hatte Glück, ihr warf ein Soldat sogar ein Stück Schokolade zu.
Die Soldaten winkten alle sehr freundlich und warfen uns etwas zu, das eingepackt war und das wir nicht kannten. Alle, die es aufhoben und auspackten, begutachteten es und warfen es wieder auf den Boden oder in die Trümmer. Einige Leute waren misstrauisch und meinten, es könne doch etwas Vergiftetes sein. Die Nazis hatten ja auch immer gewarnt, man dürfe nichts aufheben, was von den Feinden abgeworfen werde, es sei vergiftet.
Zeitweise stoppte der Panzerzug, und wir begutachteten die Besatzer und ihre Fahrzeuge. Uns fiel auf, dass alle Soldaten auf den Panzern unentwegt kauten, und das zum Teil mit weit offenem Mund, aber sie aßen überhaupt nichts, sie müssten doch bei so vielem Kauen auch einmal etwas in den Mund stecken, niemand konnte das Rätsel lösen. In Deutschland kannte man bis dahin keinen Kaugummi, und was wir fortwarfen, weil es mysteriös war, das war Kaugummi.
Dass die Befreier so freundlich empfangen wurden und man ihnen zujubelte, gefiel den Soldaten, sie warfen den Leuten Zigaretten zu, eine ganze Menge Menschen stürzte sich für eine Zigarette auf den Boden. Die Besatzer hatten ihren Spaß und Freude an dem raffenden Menschenknäuel.
Unsere Gefangenen waren frei, sie verließen uns als Freunde. Von den Männern aus dem Osten hat niemand mehr etwas gehört. Dédé hat einmal geschrieben, und Michel Lapinhier hat als Offizier in Mainz vorübergehend eine Tätigkeit erhalten.
Michel kam eines Tages mit einem roten Papier und klebte es an unsere Wohnungstür. Darauf stand in englischer und französischer Sprache, dass bei uns nicht

geplündert werden dürfe, wir seien Freunde der Besatzungsmacht. Das Plakat war überflüssig, bei uns gab es nichts zu plündern, wir waren ausgebombt; er meinte es aber gut.
Die nächsten Tage waren wie im Traum; überall waren Soldaten, und überall versuchten die Menschen an etwas Essbares zu gelangen.
Tote wurden aus den Trümmern geborgen und an Sammelstellen gebracht. Die Krankenhäuser waren überfüllt, die Verwundeten lagen auf den Gängen, es gab keine Ärzte mehr.
Da die Ärzte alle in der Partei sein mussten, waren sie jetzt auf das Land geflohen oder sie wurden eingesperrt, nichts funktionierte mehr. Die Nazis waren alle geflüchtet; sie hatten sich aufs Land oder in andere Gebiete begeben. Auch Familie D. und Familie R. waren verschwunden. Der Volkszorn richtete sich gegen die Schwester von Frau D.; sie wurde geschlagen und an den Haaren durch die Straße gezogen, dabei war diese Frau unschuldig, sie war nicht in der Partei gewesen und hatte niemand ins KZ gebracht.
Allmählich siedelten wir wieder vom Keller in unsere baufällige Wohnung um und schliefen beruhigt zu fünft in zwei zusammengestellten Betten. Wir waren sehr glücklich, dass alle Familienmitglieder den Krieg gut überstanden hatten.
Elektrisches Licht gab es keines mehr, an Kerzen und Petroleum musste gespart werden, so gingen wir bei der frühen Dunkelheit auch zeitig in die Betten. Doch den Lebensmut hat meine Familie trotz Krieg, Armut und Hunger nicht aufgegeben. Manchmal saßen wir abends im Dunkeln in der engen Küche und sangen zweistimmig schöne Volkslieder. Da auch unsere Mundharmonikas und das Schifferklavier von Opa in den Trümmern lagen, klopften meine Großeltern den Rhythmus mit Esslöffeln, das war eine Kunst, die früher viele alte Leute beherrschten, besonders in Kostheim. Man nimmt zwei gleiche Esslöffel zwischen die Finger und schlägt die beiden Löffel nach dem Takt schnell mit der runden Unterseite auf die andere Hand oder auch auf die Oberschenkel.
Oma erzählte mir oft vor dem Einschlafen ein Märchen oder wir spielten „fliegendes Bett", dann flogen wir in unserer Fantasie in fremde Länder, wo es genug zu essen gab. Die ganze Familie saß dann an einem reich gedeckten Tisch und aß die besten Speisen.
Manchmal erzählte mir Oma von den guten alten Zeiten, da hätte es alles zu kaufen gegeben. Die Geschäfte seien voll gewesen mit Lebensmitteln, auf dem Markt hätten die Bauern den Leuten frisches Obst und Gemüse angeboten und sogar gerufen: „Madamche, noch ebbes mitnemme!" Die Bauern hätten sogar gefragt, ob es nicht ein bisschen mehr sein dürfte, so viel hätte es zu kaufen gegeben. Auch von Orangen, Bananen, Datteln und Feigen erzählte sie, Brot und Fleisch sei im Überfluss dagewesen, alles hätte man zur Genüge kaufen können. Mir haben diese Geschichten gut gefallen, doch geglaubt habe ich sie nicht, ich wusste, dass meine Oma schöne Märchen erzählen konnte.

DER KAMPF UMS ÜBERLEBEN

Zu essen gab es nicht viel, meine Mutter sorgte, so gut sie konnte, für die Familie. Es sprach sich herum, dass am Winterhafen, in den alten Festungen an der Dagobertstraße, ein Lebensmittellager der ehemaligen Wehrmacht sei, das vom flüchtenden Militär aufgegeben worden sei. Zu Haufen rannten die Leute dorthin, brachen die schweren Türen auf und nahmen sich, was sie bekommen konnten. Auch Irmgard rannte mit und brachte Reis und Mehl mit nach Hause.

Am Höfchen stand damals ein Kaufhaus mit dem Namen „Lotz und Soher"; auch dieses Kaufhaus war den Bomben zum Opfer gefallen, es war nur noch ein großer Schutthaufen. Einige Leute versuchten die Keller freizulegen, da es hieß, drinnen gebe es vielleicht noch brauchbare Sachen, die nicht verkohlt seien.

Die Besatzungsmacht kümmerte sich nicht darum, was die armen Deutschen in den Trümmern suchten. Als der Kellereingang endlich freigelegt wurde, stürmten die Menschen hinein. Es gab dort unten noch Geschirr, das der Bombardierung standgehalten hatte. Jeder raffte und schleppte, was er bekommen konnte; was die Leute nicht selbst brauchten, wurde „verscherbelt" oder gegen Essen getauscht.

Wir hatten eine Zuteilung Linsen bekommen, die ganz klein waren, und in jeder Linse war ein Loch mit einem kleinen schwarzen Käfer darin. Beim Einweichen in Wasser sind die Käfer nicht herausgegangen. Oma und ich holten aus jeder einzelnen Linse mit einer Haarnadel die Käfer heraus. Hätten wir Salz zum Einweichen gehabt, dann wären die Linsenbewohner vielleicht herausgegangen, doch Salz und Gewürze gab es nicht mehr.

WIR BEKOMMEN WASSER

Die Amerikaner wollten frisches, sauberes Wasser haben und fragten meinen Großvater, wo es Wasser gäbe. Sie hatten sich inzwischen in einem leerstehenden Geschäft an der Ecke in der Augustinerstraße/Heiliggrabgasse sowie im Kirschgarten niedergelassen und dort Feldküchen eingerichtet.

Opa war erfreut, endlich frisches Quellwasser zu bekommen, und erklärte ihnen in bestem Meenzerisch, dass er ihnen zeigen könne, wo es gutes Wasser gäbe, sie müssten nur Schaufeln und Hacken mitbringen. Er machte dabei Schaufelbewegungen, so begriffen die Amis, was er meinte.

Drei oder vier Amis kamen mit Schaufeln und Spaten, und Opa gab das Kommando, ihm zu folgen. Natürlich musste ich auch dabei sein, so etwas lässt man sich als Kind ja nicht entgehen, vielleicht hatten sie etwas zu essen dabei. Wir marschierten stolz vor den Amis her durch die Himmelgasse, hin zu dem Gallusbrünnchen, das durch die Trümmer rundherum zerstört war. Opa gab Befehl, hier zu graben, und die Amis folgten seinem Kommando. Die Sprachschwierigkeiten konnten mit Handzeichen alle überwunden werden. Stolz sagte mein Opa zu mir: „Siehst du, Eleonore, jetzt arbeiten die Amerikaner für uns, bald haben wir Wasser!"

In der Himmelgasse wohnte eine Frau mit drei jungen Töchtern. Direkt nach dem Einmarsch der amerikanischen Truppen gingen bei den Damen die Soldaten ein und aus. Die Amis gaben Lebensmittel und die Damen Liebe. Die gesamte Straße und die sonstige Nachbarschaft grüßte die Frauen nicht mehr, sie wurden als Amihuren abgestempelt, und man ließ sie es deutlich merken. Überhaupt, wenn Frauen oder Mädchen mit Besatzern ein Verhältnis anfingen, waren sie für die Deutschen als schlecht oder Huren abgestempelt. Vorher hatten Leute Gefangene versteckt und ihre Lebensmittelzuteilungen mit ihnen geteilt, doch jetzt drehte sich das Blatt ganz gewaltig, anständige, deutsche Frauen gehen nicht mit der Besatzungsmacht!

In der Feldküche der Amerikaner wurde Essen ausgeteilt, natürlich nur für die Soldaten, doch wir Kinder hatten großen Hunger und standen wartend auf der Straße. Wir hatten Gefäße aus leeren Konservendosen und zeigten sie den Amis. Wenn wir Glück hatten, gab es für uns auch noch etwas, aber nicht immer. Wenn wir etwas ergattern konnten, brachten wir es mit nach Hause, bei uns wurde alles geteilt.
Meine Mutter brachte es immer wieder fertig, etwas aufzutreiben, sie hatte ihr Fahrrad und kannte in Mombach Bauern, die ihr etwas abgaben.
Da man keine Friseure mehr hatte, Wassermangel herrschte und es weder Seife noch Zahnpasta, Shampoo oder Waschpulver gab und die Bevölkerung in den staubigen Trümmern leben und arbeiten musste, banden sich die Frauen Kopftücher um den Kopf, um die Haare zu schonen; der Zement- und Mörtelstaub schädigte die Haare sehr. Geschickt drapierten die Frauen ihre Kopftücher zu modischen Turbans. Aus der Not machte man eine Mode. Auch wir Kinder übten uns in der Kunst der neuen Mode und knoteten uns Kopftücher um den Kopf. Später, als es wieder Shampoo gab und die Frauen ihre Haare wieder pflegen konnten, war die Kopftuchmode schnell vorbei.

DIE VÖLKERWANDERUNG

In der Stadt herrschte Aufregung. Die ersten deutschen Soldaten waren auf der Flucht vor der Gefangenschaft und wollten in ihre Heimatstädte eilen. Natürlich hatten sie keine Militärkleidung mehr an, und sie mussten sich auch tagsüber verstecken.
Viele Frauen, die ihre Angehörigen suchten, vom Land- oder Pflichtjahr nach Hause unterwegs waren, suchten für eine Nacht Unterschlupf im Keller. Hatten wir etwas zu essen, dann gab man auch diesen Flüchtlingen etwas ab. Es herrschte eine große Völkerwanderung durch Deutschland. Züge, Autos, Omnibusse, das alles gab es nicht mehr, jeder musste zu Fuß laufen, oft Wochen oder Monate lang. Heimkehrende Soldaten hatten ihre Militärstiefel gegen andere Schuhe getauscht,

manche trugen Lumpen um die Füße gewickelt.
Wer zu große Schuhe anhatte, legte innen Sohlen aus Zeitungen oder Buchseiten hinein, das wärmte. In zu kleine Schuhe urinierten die Soldaten hinein, das sollte die Schuhe passend machen und desinfizieren.
Während die deutschen Soldaten ihre Militärstiefel und -kleidung gegen Zivilkleider eintauschten, damit sie nicht erkannt und doch noch in ein Gefangenenlager abtransportiert würden, trugen andere Leute die warmen Sachen am Körper, da sie nichts anzuziehen hatten.
Niemand störte sich daran, wenn Frauen in der ersten Zeit Militärmäntel trugen; die Hauptsache war, man fror nicht.
Es blieb nicht aus, dass bei dem Leben in Kellern, Bunkern und bei der großen Völkerwanderung von Heimkehrern viele Leute sich Ungeziefer jeglicher Art zuzogen. Läuse, Flöhe, Wanzen sowie Kakerlaken und Ratten gab es sehr viel. Als bessere Zeiten kamen, hatten die Kammerjäger Hochkonjunktur.

DER SCHLIMMSTE TAG IN MEINEM LEBEN

Am Morgen des 27. März 1945 schien die Sonne. Meine Mutter wollte mit mir den schönen Tag an der frischen Luft genießen. Wie immer nahm sie ein Einkaufsnetz mit, es könnte ja vielleicht etwas zu kaufen geben.
Ich durfte meine Lieblingspuppe Gerlinde mitnehmen. Ich liebte diese Stoffpuppe sehr, sie war von Mutti selbst genäht und schrie sogar „Mama". Unterwegs sprach es sich herum, dass es in der Ernst-Ludwig-Straße, in der Bäckerei Estenfeld, Brot gäbe, die Amerikaner hätten Mehl geliefert. Da wir sowieso an die frische Frühlingsluft wollten, gingen wir durch Schusterstraße, Flachsmarkt, Bauhofstraße in Richtung Schlossplatz. Wir mussten in allen Straßen über die Trümmer laufen, oft wusste man nicht, wo die Gehwege und Straßen früher waren, es war alles ein großer Schuttplatz, und die Ruinen mit den verbogenen Eisenträgern sahen gespenstig aus.
Die Große Bleiche war voll mit Tellerminen, auch noch andere Straßen wurden in letzter Minute vor dem Einmarsch der Alliierten mit Minen versehen. Die Minen waren jedoch gut sichtbar, Fußgänger konnten sie umgehen, doch für ein Fahrzeug waren sie gefährlich.
Wir kamen bei der Bäckerei an. Dort stand geduldig eine Riesenschlange von Menschen, die warteten, bis sie Brot bekamen. Pro Person gab es ein Kommissbrot. Endlich hatten auch wir unsere zwei Brote bekommen und wollten in Richtung Heimat. Es wurde gewarnt, die Leute sollten nicht durch die Große Bleiche und andere Straßen gehen, dort würden die Minen entschärft. Also entschied sich meine Mutter, den Weg in Richtung Rheinstraße zu nehmen.
Auf dem Schlossplatz blühten die ersten Forsythien, und ich durfte für Oma einige Zweige abbrechen. Ich trottete hinter meiner Mutter her und hatte in der rechten

Hand die Zweige; mit dem linken Arm trug ich meine Gerlinde vor der Brust.
Meine Mutter trug die beiden Brote und war etwa drei Meter vor mir, als wir an der Ecke Große Bleiche waren, dort wo die ausgebrannte Ruine des Deutschhauses war, wir Mainzer kennen es als „Sautanz".
Plötzlich hörte ich Kanonenschüsse, vor mir war alles schwarz, ich war wie betäubt, ich stand in dichtem Rauch, ich wusste überhaupt nicht, was geschehen war. Meine beiden Ohren waren völlig taub. Als sich der Qualm langsam verzog und ich wieder zu mir kam, sah ich meine Mutter auf dem Boden liegen, sie war verletzt. Ich rannte zu ihr und wollte ihr aufhelfen, es war nicht möglich. Ich begriff, dass Mutti schwer verletzt war. Ich hörte um uns herum noch mehr Schüsse und Einschläge, doch die interessierten mich wenig. Ich bat meine Mutter inständig, aufzustehen und half ihr dabei. Wir mussten schnellstens in Deckung gehen. Sie versuchte, sich aufzurichten und es gelang ihr mit meiner Hilfe auch, drei Schritte zu gehen, dann fiel sie schwer auf den Boden. Ich kniete bei ihr und wusste nicht, wie ich ihr helfen konnte; ich war ruhig und besonnen. Sie sprach stöhnend, ich solle mich hinter der Mauer auf den Boden legen.
Immer wieder hörte ich schwere Schüsse, sie kamen von der Rheinseite, es war Artilleriebeschuss. Zwei Männer rannten auf uns zu, um zu helfen, sie trugen eiligst meine Mutter hinter die dicke Mauer am Hof des Deutschhauses.
Die Forsythienzweige hatte ich fortgeworfen, doch die beiden Brote hob ich vom Boden auf, Brot war lebenswichtig, das durfte man nicht liegen lassen.
Ich wollte meine Puppe aufheben und merkte, dass meine Hand kraftlos herunterfiel. Ich schaute an dem hängenden Arm herunter und sah erst jetzt, dass mein ganzer Mantel voll Blut war, so wie auch die Hand. Ich hatte keine Schmerzen, doch greifen konnte ich nichts mehr. Mir war klar, dass ich verletzt war, und das Blut floss stark, aber es kümmerte mich nicht. Nach einer Weile kam ein Sanitäter, er hatte nur eine kleine Binde und wollte mir einen Verband anlegen. Ich flehte ihn an, meiner Mutter zu helfen und sie zu verbinden, sie war schlimmer verletzt als ich, ihr musste dringend geholfen werden, ich brauchte keine Hilfe.
Der Sanitäter öffnete die Kleider meiner Mutter und auf der Brust war alles voller Blut. Der Sanitäter meinte, da könne er nicht helfen, die Frau müsse dringend in ein Krankenhaus. Er wollte mit seiner einzigen Binde mir Hilfe leisten, doch ich verlangte energisch, dass er diese Binde meiner Mutti gebe, ich lehnte für mich jede Hilfe ab.
Wir lagen einige Zeit geschützt an der Hofmauer des Deutschhauses, wie lange, das kann ich nicht mehr sagen, für mich gab es kein Zeitgefühl mehr. Die Schüsse kamen jetzt von verschiedenen Seiten, und die beiden Männer, die sich auch mit uns an der Mauer in Sicherheit gebracht hatten, trugen meine Mutter an die Hofmauer der Sankt Peterskirche, diese war wie die ganzen Häuser rundherum zerstört. Doch wir waren dort etwas sicherer.
Der eine Mann hatte eine braune, zusammengerollte Hose dabei, die er meiner Mutter unter den Kopf legte. Ich saß ruhig und still, total voller Blut, mit meiner

Puppe neben meiner geliebten Mutti.
Der Sanitäter organisierte einen Pferdewagen der Aktien-Bier-Brauerei. Der Wagen war unterwegs, um Verletzte aufzunehmen. Meine Mutter wurde stöhnend auf den Wagen gelegt und ich mit den Broten und der Puppe dazu. Der Kutscher sagte, er würde uns in das Städtische Krankenhaus bringen, das ist heute die Universitätsklinik. Ich bat die beiden Männer, dass sie zu meinen Großeltern Krichel in die Augustinerstraße 48 gehen und ihnen sagen sollten, was passiert sei; das versprachen sie auch.
Wir erfuhren später, dass die deutsche SS mit Artillerie auf die eigenen Landsleute geschossen hatte.
Ich wollte nicht mit dem Fuhrwerk durch die Große Bleiche gefahren werden, da ich wusste, dass sie vermint war, und beschwor den Mann, einen anderen Weg zu nehmen, der nicht vermint wäre. Der Kutscher beruhigte mich, dass am Morgen alle Minen von den Amerikanern gesprengt worden seien. Die Fahrt war für meine Mutter auf der bombendurchlöcherten Straße eine Tortur. Immer wenn die Räder in ein Minenloch rollten, stöhnte meine arme Mutter fürchterlich. Ich verspürte überhaupt keine Schmerzen an meiner linken Hand, sie hing gefühllos herunter. Allmählich floss das Blut weniger, aber es war für mich unwichtig, meiner Mutter musste geholfen werden. Es war eine lange Fahrt durch die zerstörte Stadt, doch endlich kamen wir in die Langenbeckstraße zum Krankenhaus. Man trug meine Mutter hinein, ich lief mit den total blutigen Broten und meiner Puppe nebenher. Ein Arzt, sofern es einer war, besah sich meine Hand, wieder bat und bettelte ich, doch zuerst meine Mutti zu behandeln, ich bräuchte keine Hilfe; ich weigerte mich, mich verbinden zu lassen. Mir wurde versprochen, dass meiner Mutter geholfen würde, doch sie müsse in einen anderen Raum, dort gäbe es gute Hilfe für sie. Ich sei ja nur leicht verletzt, das könne man hier erledigen. Ich nahm daraufhin die Hilfe an. Meine Mutter wurde fortgetragen, und das war das letzte Mal, dass ich meine liebe Mutti sah.
Es stellte sich heraus, dass meine beiden mittleren Finger total zerschossen waren. Die gesäuberten Wunden klafften weit auseinander, und am Mittelfinger sah man den Knochen. Es gab keine Fäden oder Klammern zum Nähen, der Arzt drückte das Fleisch, ohne sterile Handschuhe zu besitzen, zusammen und streute ein weißes Pulver darauf. Später erfuhr ich, dass das Pulver Traubenzucker war; das Krankenhaus hatte nichts anderes.
Es waren noch mehr Verwundete auf den Gängen, und es herrschte große Betriebsamkeit, doch ich hatte keinen Sinn mehr für andere Menschen. Als ich verbunden war, schickte man mich nach Hause. Ein Arzt bat ein Paar, sie sollten mich mitnehmen in die Stadt, und sie wollten das auch tun, doch sie gingen einen ganz anderen Weg, der hätte in die Neustadt geführt. Ich kannte gut den Weg vom Krankenhaus zu uns in die Augustinerstraße, ich bin ihn oft genug mit meiner Oma gegangen, als meine Tante Gertrud dort lag. Ich trennte mich von den beiden Leuten und lief mit meinen blutigen Broten und meiner Gerlinde alleine nach Hause.

Die Anlagen vor dem Krankenhaus waren ruhig, noch immer schien die Sonne, hier war Frieden. Mein Weg führte vorbei am Kästrich, auch dort lagen viele Häuser in Schutt und Asche. Ich ging an der Mathilden-Terrasse die Treppen hinunter, die nur teilweise zerstört waren und unter denen die tiefen, sicheren Keller der Aktien-Bier-Brauerei und der Sektkellerei Kupferberg liegen. Oft, wenn ich bei meiner Mutter war und es Alarm gab, waren wir in diese Keller gegangen. Jetzt gab es keinen Fliegeralarm mehr, doch die Keller waren voll mit ausgebombten Menschen; sie hatten dort für lange Zeit Zuflucht gefunden. In der Emmerich-Josef-Straße standen noch einige Häuser, aber der Schillerplatz bot auch ein trauriges Bild. Die schönen Palais waren ausgebrannt, es standen nur noch die Außenfassaden. Das Schiller-Denkmal war sicher in der Erde eingegraben, das wusste ich, doch alles andere war eine Trümmerlandschaft.
Die Ludwigsstraße war ein einziges Trümmergebirge, nur oben an der Ecke zum Ballplatz stand noch ein Haus, alle anderen Häuser existierten nicht mehr.
Ich hatte keinen Hunger, obwohl ich den ganzen Tag noch nichts gegessen und einen hohen Blutverlust gehabt hatte. Ich kletterte mit meiner Puppe und den zwei Kommissbroten über die Trümmer; wo die Straße war, das konnte ich nicht mehr feststellen. Auch der Gutenbergplatz war total zerbombt, kein einziges Haus stand mehr. Das teilweise ausgebrannte Theater war äußerlich erhalten, die dicken Mauern hatten dem Feuer standgehalten.
Auch die Schöfferstraße war ein einziger großer Schutthaufen. Die schöne Johanniskirche sowie die Patrizierhäuser am Leichhof existierten nicht mehr. Der stolze Dom stand noch majestätisch in seiner Trümmerstadt, nur das Mittelschiff war durch den Funkenflug verbrannt. Endlich war ich in der Augustinerstraße, in meiner Heimat, dort waren nur wenige Häuser getroffen worden, doch mein Geburtshaus Nr. 48 war auch teilweise zerstört.
Als ich die Treppe hinaufstieg, um endlich bei meiner Familie zu sein, war niemand da, die Tür war verschlossen. Ich lief zu unserer lieben Nachbarin, Frau Balzer, die Mutter von Kurt. Als sie mich sah, wusste sie schon was passiert war, sie sagte wörtlich: „Wie siehst du denn aus, du bist ja ganz grau und fahl im Gesicht, komm, leg dich hin, du musst jetzt ausruhen." Sie half mir in einen Holzliegestuhl und legte eine warme Decke über mich. Ich erzählte ihr, was passiert war, und sie wusste, dass meine Großeltern und Irmgard im Krankenhaus bei meiner Mutter waren.
Die beiden Männer, oder auch jemand anderes – ich hatte mehrere Leute gebeten, zu Hause Nachricht zu geben – hatten ihr Versprechen gehalten und meine Großeltern von unserem Schicksal benachrichtigt. Als sie sich durch die Mainzer Trümmer durchgearbeitet hatten und nach meinen Angaben meine Angehörigen suchten, erfuhren sie von Frau Balzer, dass alle drei bei der Bäckerei Nickel, die in unserer Straße ihr Geschäft und ihre Backstube hatte, in der Schlange standen, da die Amerikaner Mehl zum Backen geliefert hatten und jede Person nur ein kleines Brot bekommen durfte. In der Warteschlange erhielten sie die schlimme Nachricht. Man sagte ihnen, die SS hätte auf die Zivilbevölkerung geschossen, weil sie Brot, bei

dem das Mehl von den Amerikanern stamme, gekauft hätten.
Man berichtete, ich sei tot und meine Mutter sei nur leicht verletzt. Mit dieser Nachricht rannten sie alle drei geschockt aus der Warteschlange heraus und liefen in das Städtische Krankenhaus.
Frau Balzer gab mir ein Glas Wasser zu trinken. Da sie schon ihr Brot erhalten hatte, schnitt sie mir ein Stück davon ab und da sie keinen Belag dafür hatte, bestrich sie es mit Kartoffelbrei, der mit Wasser zubereitet war, es gab ja keine Milch mehr. Sie hatte auch gehört, dass ich tot sei, und sie war froh, mich lebend zu sehen.
Welche Uhrzeit es war, als meine Angehörigen kamen, das kann ich nicht mehr sagen. Ich erzählte alles, wie es sich zugetragen hatte. Es gab kein elektrisches Licht, und wir mussten früh in die Betten.
Am nächsten Morgen betreute mich wieder die gute Frau Balzer, da alle wieder früh ins Krankenhaus eilten. Als sie wieder zurückkamen, wusste ich gleich, was passiert war, meine Oma und Irmgard hatten ein total verweintes Gesicht, Opa war in sich geknickt, sein Gesicht zeigte tiefe Trauer. Ich wusste es, aber ich wollte es nicht wahr haben, meine Oma sagte mir: „Dein Muttichen ist im Himmel, beim lieben Gott, sie wird dich jetzt von oben beschützen!" Ich weinte, ich wusste, was der Tod bedeutet, ich hatte ihn durch den Krieg kennengelernt, doch fassen konnte ich es nicht, dass meine Mutti nie mehr zu mir „Liebchen" sagen würde, dass sie nie mehr sang „Puppchen, du bist mein Augenstern, Puppchen, ich hab dich gar so gern".
Meine Mutter hatte einen Lungenschuss und ist daran verblutet. Es gab keine Hilfe, es waren keine Ärzte da, es gab keine Operationsmöglichkeiten, keine Narkose, kein Verbandsmaterial. Sie hatte noch 9 Stunden gelebt und war bei vollem Bewsstsein, sie hatte noch mit meinen Großeltern gesprochen. Als meine Angehörigen sie am nächsten Tag besuchen wollten, war sie tot, sie hätte friedlich, lächelnd da gelegen, ihr Schmuck, den sie noch bei der Einlieferung anhatte, war nicht mehr da.
Für meine Mutter war der Krieg, die Nachkriegszeit und die Beschaffung von Essen zu Ende. In mir reifte eine Verantwortung heran, wir mussten überleben, und ich wollte meinen Beitrag dazu leisten.

DIE SUCHE NACH MEINER MUTTER

Meine Großeltern wollten ihre Tochter beerdigen, das Familiengrab war allerdings in Kastel, dort konnte man nicht mehr hinkommen. Ein befreundeter Schreiner wollte den Sarg zimmern, doch er hatte kein Holz. Herr Schulmerich konnte etwas an Material beisteuern, und Oma brachte es sogar fertig, noch einige Bretter zusätzlich aufzutreiben. Als sie meine Mutter abholen wollten, konnte man sie im Krankenhaus nicht mehr finden. Meine Oma und eine Nachbarin suchten meine Mutter in den Räumen, wo alle Leichen hingelegt wurden. Sie drehten Berge von

Toten herum, die alle aufeinander lagen, der Geruch soll fürchterlich gewesen sein. Es lagen noch, hoch aufgeschicht, die Leichen vom 27. Februar dort, niemand hatte sie beerdigt. Ich wollte auch meine Mutti suchen, doch ich durfte nicht mit, meine Großeltern haben dies nicht erlaubt.
Meine Mutter wurde nicht mehr gefunden, das Material für einen Sarg war umsonst besorgt worden.
In der nächsten Zeit war es bei uns sehr traurig, es wurde nicht mehr gesungen. Der blutverschmierte Mantel war wieder sauber, ich bekam einen Trauerflor an den rechten Mantelarm gebunden.
Da der große Mauerriss in der Küche immer noch mit der Rückseite der Hitlerbilder tapeziert war, wurde zusätzlich ein Bild von meiner Mutter daneben gehängt, allerdings mit dem Gesicht nach vorne. Dieses Bild hatte einen schwarzen Trauerflor an der Ecke.
Ich musste jeden Tag mit meiner Oma zur Behandlung meiner Hand in das Krankenhaus. Dort gab es immer Massenandrang. Lange gab es kein Verbandsmaterial, und mir wurde Traubenzucker auf die Wunden gestreut.
Die schmutzige Binde, die vom Krankenhaus stammte, wusch meine Oma und gab sie der Klinik zurück. Wir hatten zum Glück noch einige gebrauchte Binden aus unserem Kellerverbandskasten. Waren diese schmutzig, so weichte man sie über Nacht in Wasser ein, und am nächsten Tag wurden sie ausgekocht. Damals war man nicht so empfindlich mit der Hygiene wie heute.
Nach einigen Wochen kam einer der beiden Männer, die uns zu Hilfe geeilt waren, und wollte sich nach unserem Befinden erkundigen. Es war der, der meiner Mutter die braune Herrenhose als Kissen unter den Kopf gelegt hatte. Beim Gespräch berichtete er, dass seine Hose bei der Bergung gestohlen worden war. Meine Oma versprach, ihm die Hose zu ersetzen, sobald die Möglichkeit dazu bestünde. Er gab ihr seine Anschrift, doch als meine Großmutter nach einigen Monaten mit mir den Helfer aufsuchte, um ihm die Hose zu ersetzen, war er in diesem Haus nicht mehr aufzufinden.

MEINE PUPPE WAR VERLETZT

Da meine Puppe auch mit Blut verschmiert war, zogen wir sie aus, um alles zu reinigen. Ich konnte es gar nicht fassen, dass Gerlinde ein Loch in ihrem Rücken hatte. Ein Splitter war genau an der Stelle in die Puppe eingedrungen, an der meine Mutter die runde Pappmaschee-Membrane mit der Mamastimme eingenäht hatte. Die Stimme hatte in ihrer Mitte eine Metallschraube, an ihr war der Splitter steckengeblieben.
Ich hatte, als die Granate einschlug, die Puppe in meinem linken Arm, direkt vor dem Herzen getragen; der Splitter schoss durch meine linke Hand und blieb in der Schraube stecken. Ich hatte einen guten Schutzengel!

In den nächsten Jahren kam es öfters vor, dass ich erkrankte. Was ich genau hatte, weiß ich noch heute nicht genau. Ich litt unter heftigem Fieber, hatte Schüttelfrost und fantasierte. Ich sah im Fieberwahn rote, dicke Gummibälle, auf einem saß meine Mutter darauf. Immer wenn ich zu dem Ball wollte, auf welchem meine Mutter saß, sprang er zurück. Ich wollte den Ball einfangen, es gelang mir nie. Alle roten Bälle sprangen auf und nieder, hin und her, und ließen sich nicht einfangen. Ich streckte die Arme nach meiner Mutter aus, sie war nicht zu fassen. Es war wohl eine psychische Erkrankung, die jedesmal mit hohem Fieber einherging.
Psychologen gab es zu meiner Kindheit keine, wir wussten überhaupt nicht, was das war. Wir mussten unsere Erlebnisse selbst überwinden.

DIE SUPPENKÜCHE

Für die wohnungslose Bevölkerung wurde in der leeren Wirtschaft „Zum runden Eck" am Graben, Ecke Jakobsbergerstraße eine Suppenküche eingerichtet.
Die großen Aluminiumtender kamen mit fertig gekochter Suppe aus einer Großküche und wurden am Graben an die ausgehungerten Leute verteilt. Alle Altstädter standen diszipliniert mit ihren Suppentöpfen Schlange und waren froh, einmal am Tag eine Suppe zu haben. Oft war die Suppe schon kalt, doch viel schlimmer war, dass die Suppe manchmal schon sauer war oder einen Stich hatte. Ich weiß noch, dass die Suppe einmal so sauer war, dass sie auch schon stark sauer roch und gärte; sie war völlig ungenießbar, und wir mussten sie an diesem Tag in die Trümmer schütten.
In der Himmelgasse gibt es das Kapuzinerkloster. Bei der Bombardierung blieb es erhalten, obwohl rundherum alles zerstört war. Die Kapuzinermönche gaben jeden Mittag um 12 Uhr eine Gemüsesuppe an bedürftige, hungrige Leute ab. Wir Kinder warteten brav in dem Vorraum der Klosterpforte, bis die Tür geöffnet wurde und ein Mönch das große Tablett mit den gefüllten Aluminiumtassen an uns austeilte. Die Suppen waren sehr gut und hatten sogar Fettaugen obendrauf.
Manchmal rannten wir noch über die Trümmer hinweg bis zum Ballplatz; auch bei den Englischen Fräuleins in der Maria-Ward-Schule gab es zeitweise eine Tasse heiße Suppe. Nonnen und Kapuzinermönchen haben wir viel zu verdanken; ohne ihre Suppenspende hätten wir noch viel mehr gehungert.

DIE VERSCHIEDENEN BESATZER

Nach den Amerikanern kamen für kurze Zeit auch die Engländer nach Mainz; auch sie richteten ihre Feldküchen am Kirschgarten und in einem leeren Geschäft Ecke Augustinerstraße/Heiliggrabgasse ein.
Wir Kinder stellten uns ausgehungert mit Blechdosen, Tellern oder Schüsseln vor

die Tür und warteten auf die Reste. Die Engländer waren jedoch nicht so spendabel. Ich habe selbst erlebt, dass sie die Reste der Speisen in die Trümmer geschüttet haben; einige Kinder sind dann dorthin gelaufen und haben sich aus dem Schutt das Essen aufgehoben. Ich war dazu zu stolz; von den Trümmern habe ich nichts gegessen, lieber hungerte ich.
Tee- und Kaffeesatz landeten auch auf den Trümmergrundstücken. Leute knieten sich hin und kratzten den Satz wieder auf.
Von den Amerikanern war schon eher etwas zu bekommen, sie gaben uns manchmal etwas an Essensresten ab, jedoch auch nicht immer; wenn es zu viele Kinder wurden, jagten sie uns fort. Doch wir kamen bald wieder und blieben still stehen oder wir hielten wortlos unsere Büchsen hin, dann lachten sie, und wir hatten Erfolg.
Die Amis waren manchmal wie Kinder, sie lachten und boten uns Zigaretten an, oder sie fragten nach Fräuleins, das war das einzige Wort, das sie in Deutsch sprechen konnten.
Die Kanalisation war zerstört, deshalb mussten wir Mainzer auf Toiletteneimern unser Geschäft erledigen. Die Amerikaner wollten auf funktionierende Toiletten gehen, deshalb fragten sie uns: „Have you a water closet?" Wir antworteten: „Nää, merr kacke in de Ämer!"

Nach einiger Zeit kamen die Franzosen als Besatzung zu uns; von ihnen war überhaupt nichts zu bekommen. Wir Kinder wurden verjagt oder ignoriert.
Die französische Besatzung war für uns Mainzer sehr schlimm. Die Rationen auf Lebensmittelkarten waren zu klein, niemand konnte davon satt werden. Alles war beschlagnahmt und wurde nach Frankreich abtransportiert.

WO WAR MEINE MUTTER?

Tagelang suchten meine Großeltern ihre Tochter auf Leichensammelplätzen und Friedhöfen. Im Städtischen Krankenhaus gab es eine Totenliste, worauf ein Herr Ermisch als verstorben stand. Meine Oma glaubte, es könne sich doch um ihre Tochter handeln; in diesen verwirrenden Tagen war alles möglich. Es war nicht meine Mutter, die sie fanden, sondern mein Großvater, der Kammermusiker Oskar Ermisch senior. Auch er ist in den Kriegswirren gestorben; wir hatten davon keine Ahnung. Später erfuhren wir, dass er auf einem Handkarren zum Hauptfriedhof gefahren wurde und in dem väterlichen Familiengrab seine letzte Ruhe fand.
Michel Lapinhier war wieder ein hoher Offizier. Eines Tages kam er mit einem Chauffeur vorgefahren, er wollte uns besuchen. Er war tief betroffen von dem Tod meiner Mutter. Michel und sein Chauffeur suchten nach ihr; sie erfuhren, dass meine Mutter in einem Massengrab auf dem neuen Waldfriedhof lag. Damals gab es in Mainz so viele Tote, dass man nicht mehr wusste, wohin mit ihnen; so wurden sie

in Mombach im Wald in Massengräber gelegt. Nach einer Liste wurde uns ein Platz abgemessen, wo meine Mutter liegen sollte. Wir erfuhren von einem Totengräber, dass alle Verstorbenen nackt beigesetzt wurden, niemand hatte mehr Ringe oder einen anderen Schmuck an. Wer den Schmuck meiner Mutter genommen hat, wissen wir nicht.
Jetzt hatten wir ein Grab, das wir besuchen und schmücken konnten. Herr Schulmerich stellte ein Holzkreuz her, das wir in den weichen Sand steckten. Oma und ich besuchten meine Mutti oft. Damals gab es noch keine Fahrmöglichkeiten, wir liefen zwei- bis dreimal die Woche auf den Waldfriedhof.
Michel war nur kurz zu Besuch; er war wieder in der französischen Armee. Zum Abschied schenkte Michel dem „Papa" eine Armbanduhr. Opa war sehr stolz, eine Uhr am Handgelenk zu haben. Später, als die Eisenbahnbrücke wieder begehbar war, wurde mein Großvater auf der Brücke von drei schwarzen Amerikanern überfallen und ausgeraubt; auch die Uhr von Michel stahlen sie.

Trotz des Verlusts und der Trauer um meine Mutter sowie des ständigen Hungers hatte ich als Kind eine schöne Zeit. Es gab keinen Schulunterricht mehr; die Wohnung war so klein, dass ich lieber im Freien war und mit den Nachbarskindern spielte. Während der Nazizeit hatte meine Mutter mich nicht gerne alleine auf die Straße gelassen, aus Angst ich könne doch einmal etwas Unvorsichtiges reden; jetzt war das alles vorbei.
Hatte ich ausgeschlafen und ein karges Frühstück eingenommen, das meistens aus trockenem Brot, Malzkaffee oder Tee bestand, lief ich auf die Straße, besser gesagt, auf die Trümmer. Wir Kinder suchten Holz und andere brauchbare Dinge. Das Holz war sehr wichtig zum Heizen und Kochen, denn es gab keine Kohlen mehr. Die Kohlen, die es noch gab, waren beschlagnahmt für die Franzosen.

SPIELEN UND AUSTOBEN

Wir spielten in den Ruinen „Versteck". Wir krochen in ausgegrabene Keller oder in halb zerfallene Häuser. In der Himmelgasse gab es früher eine Fabrik, sie hieß „Jameica" und hatte vor dem Krieg exotische Früchte und Konserven sowie Kaffee verkauft. Die zerstörte „Jameica" war für uns ein Paradies, von ihr blieb nur der Treppenaufgang stehen, und oben war noch eine Eisentür zum früheren Dach, dort spielten wir gerne. Unsere Spielflächen erstreckten sich über die ganze Altstadt, überall konnte man etwas Aufregendes erleben und finden. Manchmal hörten wir Erwachsene sagen: „Die armen Kinder erleben nichts Schönes, nur Krieg, Hunger und Elend!" So haben wir Kinder das allerdings nicht gesehen, wir hatten eine gewisse Freiheit und erkundeten ständig neue Trümmergrundstücke.
Viel Freude machte uns das Bauen von Hüttchen. Wir sammelten Backsteine, von denen lagen ja genug überall herum, und bauten daraus unsere Paläste, als Dach

nahmen wir Blechstücke. Wir saßen dann gemütlich in den kleinen Hütten oder auch Höhlen und beratschlagten, was wir machen könnten; es gab immer etwas zum Suchen und zum Finden.
Wir Mädchen brachten gerne unsere Puppen mit und richteten uns gemütlich ein, mit lauter Gegenständen, die wir in den Trümmern gefunden hatten. Um die Hüttchen herum legten wir mit dem Trümmerspeis und Sand kleine Gärtchen an. Das Wasser schleppten wir mit verbeulten Töpfen herbei. Ärgerlich war nur, wenn wir am anderen Tag kamen und unsere Hütte nicht mehr da war, manchmal hatten Leute die Backsteine für eine Reparatur oder den Wiederaufbau ihres Hauses gebraucht. Hatten jedoch die Bankert von der anderen Straßenseite unsere Hütten zerstört, so war ein Gassenkrach fällig.
Es gab auch Mutproben, einige Kinder, besonders ältere Buben, behaupteten, in einem Keller sei ein Geist oder ein „Kerl", diese Bezeichnung galt für heruntergekommene, verwahrloste, bösartige Männer.
Wer mutig sein wollte, der ging alleine in einen tiefen, dunklen, ausgegrabenen Keller; die anderen Kinder kontrollierten von oben, ob man auch ganz bis nach hinten durchlief. Hatte man das getan, dann war man im Ansehen gestiegen. Hatten die Kinder Angst, so wurden sie als Feiglinge und Hoseschisser tituliert.
In den nächsten Jahren blühten auf den zerbombten Grundstücken schöne Blumen, besonders die lila-rötlichen Weidenröschen, auch Federblumen genannt. Zeitweise war alles von ihnen übersät, und wir pflückten schöne Blumensträuße. Auch der Mauerpfeffer mit seinen leuchtend gelben Blütchen breitete sich überall aus. Ganze Bäume wuchsen sogar, sie fanden Nahrung in den Trümmerböden.

Wenn ich heute an der wiederaufgebauten Johanniskirche vorbeikomme, so muss ich daran denken, wie ich damals in das Grundstück der zerstörten Kirche kletterte. Einige Außenmauern standen noch und ragten in den Himmel, doch innen blickte strahlend die Sonne auf den Schutt. An einer Mauer hing unversehrt ein großes Kreuz mit dem Korpus von Jesus Christus daran. Auch er blieb völlig heil und schaute von seinem Kreuz herunter auf seine zerstörte Kirche.
In den Trümmern steckte ein großer Kristalllüster. Die einzelnen Kristalltrauben und -kugeln faszinierten mich; ich stellte mir vor, was ich da an Schmuck für meine Puppe und mich hätte, wenn ich die Kristallteile mitnehmen würde. Auch bei meinen Freundinnen wären sie ein gutes Tauschobjekt gegen andere Sachen. Ich schaute zum Kreuz, und der große Jesus sah traurig aus, es war seine Kirche und sein Lüster, Ihm hatte man auch alles genommen und zerstört. Ihm jetzt noch seine schönen Kristalle zu nehmen, nein, das ging nicht. Ich lief wieder fort – ohne meine Kriegsbeute.
Da es keine Gummibälle zum Spielen gab, hatten viele Kinder Bälle aus Militärstoff. Der dicke Soldatenmantelstoff eignete sich sehr gut zum Nähen von Spielbällen. Vier bis sechs Stoffteile wurden geschickt zusammengenäht und mit Stoffresten oder anderem Material gefüll. Sie erfüllten voll ihren Zweck. Natürlich konnten wir

diese Bälle nicht „dozze losse", doch werfen und rollen war möglich. Manchmal waren durch den starken Gebrauch die Stoffbälle eiereckig geworden, dann wurden sie so lange wieder zurechtgeknetet bis sie wieder rundlich waren.
Auf den Trümmern bauten wir Rollbahnen und gruben Löcher, damals Kaut genannt, in welche die Bälle auf geradem Wege hineinrollen mussten. Wer seinen Ball sofort auf geradem Wege hineinrollen konnte, durfte noch einmal rollen, stieß der Ball jedoch an einen Trümmerstein, so war man „aus" und musste sich hinten, als Letzter anstellen. Das ganze Spiel hieß damals „Balljus".
Unser Spielfeld erstreckte sich damals von der Himmelgasse quer über das gesamte Trümmerfeld bis zu der Grebenstraße. Zwischen den Trümmern gab es schmale Trampelpfade, welche die Leute als Abkürzung nahmen. Wir benutzten diese ausgetretenen Pfade als Hickelpfade. Mehrere Backsteine wurden in genauen Abständen auf den Trümmerweg gelegt, und man musste auf einem Bein darüberhickeln. Erreichte man das Ende nicht, so war man „aus" und musste zurück, sich hinten wieder als Letzter anstellen. Hatte man das Ziel ohne abzusetzen erreicht, so durfte man noch einmal hickeln. Dieses Spiel hieß bei uns damals „Hickeljus".
Wehe, es machte jemand bei den jeweiligen Spielen „Beschiss" der wurde gnadenlos ausgeschlosen, dann hieß es: „Du bist en alte Beschisstreiber, du machst nitt mehr mit!"
Es gab auch ein „Hippjus". Hatten Kinder kein Springseil mehr, so wurde eines von den Alliierten „organisiert", und wir sprangen damit, oder machten einen großen Bogenschlag, in welchen alle Kinder, nach der Reihe, hineinspringen durften. Auch mit französischen Telefonkabeln konnte man gut „Hippjus" spielen.
Ich unternahm gerne Streifzüge in Gegenden, wo ich eigentlich nicht hin sollte. So zwängte ich mich durch die eiligst zugenagelten Türen in die Innengänge des Theaters. Dort waren noch die Nebengänge vorhanden, doch überall waren die Spuren von dem Feuer zu sehen, es war für mich unheimlich, doch Angst hatte ich nicht, die Neugier siegte.
Auf den Treppen lag viel Schutt, und es gab tiefe Brandflecken. Einige Räume waren unversehrt, doch sehr schmutzig; es mussten schon andere Leute vor mir dort gewesen sein. Mein Großvater, von der väterlichen Seite, war Geiger im Städtischen Orchester gewesen, und so sah ich es als ganz natürlich an, dass das gesamte Theater jetzt mir gehörte; ich nahm es in meiner kindlichen Fantasie in Besitz.
Unsere Erkundigungsausflüge führten uns auch durch den Stadtpark und den Rosengarten; dort lag das Haus meines Vaters und der Großeltern. Auch dieses war ausgebrannt, nur die Außenmauern standen noch.
In den unversehrten Parkanlagen blühten die Rosen und andere Blumen. Wir Kinder pflückten große Sträuße und brachten sie mit nach Hause, oder ich schmückte damit das Grab meiner Mutter.
Die Bänke im Stadtpark standen noch, und wir Mädchen liefen gerne dorthin mit unseren Puppen und spielten Mutter und Kind. Väter brauchten wir dazu nicht, die

waren ja sowieso alle im Krieg gefallen oder noch vermisst. Ein Vater war für uns Kinder als Familienmitglied damals nicht selbstverständlich.
Bei allen Ausflügen stand immer der Gedanke dabei, etwas Brauchbares für die Familie zu finden. Wir Kriegskinder spielten, ergatterten und organisierten alles zur selben Zeit, das war auch ein Teil der Überlebenskunst.
Am Michelsberg stand damals eine wunderschöne große Villa, eigentlich ein Herrenhaus; auch dieses war ausgebrannt, doch die Innenräume konnte man noch gut erkennen.
In der Mitte der Villa gab es ein großes Atrium. Leider war fast das ganze Glas zu Bruch gegangen, doch man konnte erkennen, wie schön es vor dem Brand ausgesehen haben musste. So etwas Herrliches hatte ich vorher noch nie gesehen. Natürlich stellte ich mir in meiner Fantasie wieder vor, das Herrenhaus wäre noch ganz und gehörte mir. Ich schritt wie eine kleine Königin in den Ruinen umher und stellte mir vor, wie prachtvoll der Palast ausgesehen hatte.
Der Garten dieser Villa reichte bis an das Fort Weisenau und hatte einen schönen japanischen Teich. Die Blumen blühten in diesem Garten, und ich wandelte oft dort in Seligkeit. Als nach einiger Zeit die große schmiedeeiserne Tür am Hof wieder verschlossen wurde, damit sich niemand unbefugt in der Ruine herumtriebe, war mir das gerade Recht. Außer mir hatte dort auch niemand etwas zu suchen, und ich konnte durch die hintere Gartenmauer kriechen, wo es ein Einschussloch gab.
Unsere Stadt hat viele unterirdische Gänge, die teilweise während des Krieges als Bunker benutzt wurden. Nach dem Kriegsende war niemand mehr zuständig, die geöffneten mittelalterlichen Kasematten wieder zu verschließen.
An der Salvatorstraße und am Fort Weisenau gab es offene Eingänge, sowie am Fort Elisabeth und am Hartenberg.
Wir getrauten uns nicht ganz in die tiefen, dunklen Gänge hinein, doch so lange wir noch einen Lichtschimmer hatten, erkundeten wir sie.
Heimlich trafen sich in den Kasematten auch Liebespärchen oder gewisse „Fräuleins" mit den amerikanischen oder französischen Besatzern für Zigaretten, Schokolade, Kaffee und andere damalige Zahlungsmittel. Daher kommt der Name „Kasemattenbär" oder „Kasemattenschlubber." Die Mädchen bezeichneten die Mainzer als „Kasemattenschwalben".
In den Gängen am Fort Weisenau war noch einige Jahre lang alte Munition gelagert, die das deutsche Militär dort zurückgelassen hatte. Später wurden die Eingänge zugemauert.
Meine gute Oma wusste nicht immer, wo ich mich herumtrieb, sie dachte, ich bliebe brav in der Altstadt.

Die schönsten Häuser in guter Lage, die nicht zerstört waren, wurden von den Franzosen für ihre Familien und ihre Verwaltung beschlagnahmt. Die Eigentümer wurden einfach auf die Straße verwiesen oder kamen bei Verwandten und Freun-

den unter; wo sie Unterschlupf fanden, war den Besatzern egal. Auch ihre Möbel und sonstigen Sachen durften sie nicht mitnehmen. Es kamen die französischen Familienangehörigen und wohnten in den eingerichteten Wohnungen. Natürlich brauchte die „Madam" eine Putzfrau oder eine Haushälterin, und so bewarben sich deutsche Frauen bei den Franzosen um eine Arbeit, für Essen, damit sie ihre Kinder ernähren konnten.
Eine Köstlichkeit war für manche Leute der überbrühte Kaffeesatz, den die Franzosen fortwarfen, er wurde noch einmal aufgekocht, als Personalaufguss.
Auch aus unserer Nachbarschaft bewarben sich Frauen aus der Not heraus um eine Arbeit; sie bekamen Essen und durften etwas für ihre Kinder mit nach Hause nehmen. Eine Nachbarin brachte für ihre Familie die Kartoffelschalen, Gemüseblätter und den gebrühten Kaffeesatz mit. In der Spargelzeit kochte sie aus den Spargelschalen und holzigen Abschnitten eine Spargelsuppe. Haushaltshilfe bei Franzosen zu sein war keine Freude. Die französischen Damen waren oft sehr herablassend zu den Deutschen; man zeigte, dass man Sieger war.

Da der Luftangriff am 27.2.1945 so plötzlich kam, konnten viele Leute keinen sicheren Keller mehr aufsuchen; einige suchten Schutz in dem Unterführungsweg der alten Universität an der Schusterstraße. Durch den starken Luftdruck sind diese Menschen alle umgekommen, ihre Lungen sind geplatzt. Die alte Universität ist auch abgebrannt. Diese Leichen sowie die verbrannten und verstümmelten Opfer vom Marktplatz wurden alle unter eine Zeltplane am Markt gelegt.
Ich war auf Erkundungstour, um etwas Brauchbares zu finden, was man vielleicht hätte tauschen können, als ich die Erhöhung unter der Plane sah. Ich glaubte, die Amerikaner hätten dort etwas deponiert, und hob die braune Plane hoch. Ein fürchterlicher Geruch strömte mir entgegen, die verkohlten Leichenteile lagen unter der Plane. Ich konnte den Anblick und den Geruch lange nicht vergessen. Wieder daheim, erzählte ich dies meiner Oma, sie schimpfte mit mir, warum ich überhaupt dort hinginge, ich solle mich nicht so weit alleine herumtreiben.
Eine andere Leichensammelstelle befand sich im Innenhof des Erthaler Hofes, der auch ausgebrannt war. Der Hof war von der Großen Langgasse aus zu betreten. Dort konnten Angehörige nach Opfern suchen. Es waren Berge von Toten und einzelnen Gliedmaßen, sie alle konnten nicht so schnell bestattet werden.

DIE HUNGERJAHRE

Der Hunger begleitete alle Mainzer, die Lebensmittelzuteilungen reichten nicht aus. Die Franzosen hielten uns knapp. Vieles wurde für sie beschlagnahmt und nach Frankreich transportiert. Die Franzosen waren bei der Bevölkerung nicht beliebt.

Am Schillerplatz im Proviantamt, das nicht zerstört war, hatten die Franzosen ihr Lebensmittelmagazin. Dort konnten sie ihr Essen einkaufen. Die Französinnen trugen ihre Lebensmittel frei in Einkaufsnetzen durch die Stadt, sodass wir Kinder sahen, was sie alles hatten. Damals sah ich zum ersten Mal in den Netzen Orangen und Bananen sowie lange französische Weißbrote.

Zu Hause bei Oma schimpfte ich auf die Franzosen. Wir hatten im Krieg, bis zum bitteren Ende, alles mit den Gefangenen geteilt, doch die Besatzungsfranzosen gaben uns nichts. Das ist für ein Kind schwer zu begreifen.

Meine Oma sagte immer: „Ach, lass doch die armen Schweine, die Franzosen sind ja noch ärmer als wir, die essen ja sogar Schnecken!" Der Ausdruck „armes Schwein" bezeichnet in unserer Mundart einen bemitleidenswerten Menschen. Schnecken aßen die Deutschen früher nicht, sie wurden wie Ratten, Mäuse oder Regenwürmer eingestuft. Erst viel später gewöhnten wir Deutsche uns an diese Delikatesse.

Es wurde empfohlen, die Kartoffeln mit der Schale zu essen, denn in dieser wären die Hauptnährstoffe. Ich kann mich erinnern, dass ich mich übergeben musste und nur die Kartoffelschalen erbrach, mein Magen konnte die Schalen nicht verdauen. Ich bekam daraufhin die Kartoffeln wieder geschält.

Es gab manchmal Zuteilungen von Maismehl, daraus kochten wir mit Wasser einen Maisbrei. In dieser Zeit gab es auch nur Maisbrot zu kaufen. Das Maisbrot war nicht in Scheiben zu schneiden, es brach in Krümeln auseinander.

Ich sehe noch heute den Bub vor mir, der etwas älter als ich war und sein erworbenes Maisbrot stolz nach Hause bringen wollte, es aber auf den Straßenboden fallen ließ. Der Brotlaib zersprang in tausend Stücke, die Krümel lagen auf der Erde, wir Kinder mussten über seine Ungeschicklichkeit lachen, er brach in Tränen aus, fegte mit der Hand alles auf, steckte die Krümel in die Hosentaschen und lief weinend davon.

Mir schmeckte das Maisbrot nicht gut, doch wenn man nichts Besseres zu essen hat, dann isst man auch trockenes Maisbrot.

Wir hatten einmal Nudeln bekommen, doch als sie zum Kochen in das heiße Wasser kamen, verfielen sie zu Brei, der Nudelteig hatte sicher nie ein Ei gesehen. Wir aßen daraufhin die sämige Nudelbrühe als Nudelsuppe.

Während des Sommers konnte der Speiseplan erweitert werden, indem viele Frauen für ihre Kinder Brennnesseln als Gemüse suchten; sie wurden wie Spinat gekocht und waren sehr gesund. Legte man die Brennnesseln für kurze Zeit in Wasser, dann brannten sie nicht mehr. Ich selbst suchte keine Brennnesseln, Handschuhe gab es damals nicht, und in der Innenstadt waren Brennnesseln auch nicht zu finden.

Nach dem Tod meiner Mutter übernahm ich freiwillig einen Teil der Versorgung, ich fühlte mich mit meinen acht Jahren verantwortlich für die Familie. Mein Großvater hatte Asthma, Irmgard war zu ehrlich und Oma war mit den Nerven am Ende, der Tod ihrer Tochter hatte sie altern lassen. Heute nach so langer Zeit weiß ich, dass mir das „Organisieren" Freude gemacht hat.

Trotz Not und Entbehrung sangen und feierten die Mainzer gerne; manches Lied gegen die verhassten Besatzer entstand damals:

Warum ist es am Rhein nicht schön?
Warum ist es am Rhein nicht schön?
Weil der Franzmann, der Flegel,
auf dem Rheine tut segeln,
darum ist es am Rhein nicht schön, am Rhein nicht schön.
Warum ist es am Rhein nicht schön?
Warum ist es am Rhein nicht schön?
Weil der Franzmann, der Drecksack,
das Rheinland besetzt hat,
darum ist es am Rhein nicht schön, am Rhein nicht schön.

Oder:

Paulinchen kam geflogen auf einer Flasch' Benzin,
da meinten die Franzosen, es wär ein Zeppelin.
Sie nahmen die Gewehre und schossen darauflos
und schossen dem Paulinchen ein Loch in die Unterhos.

Im Sommer gingen meine Oma und ich mindestens zweimal die Woche zum Friedhof nach Mombach. Der Weg führte durch die Felder. Auf dem Hinweg hatten wir unsere Taschen aus Fahnenstoff voller Blumen, die ich meistens irgendwoher organisierte. Auf dem Heimweg machten wir eine kleine Pause; am Wegrand stand ein Brunnen mit gutem Quellwasser, dort wuschen wir uns die Hände und tranken das frische Nass. Es gab am Brunnen eine Bank und Oma ruhte sich aus.
Am Seitenweg lagen Felder mit Bohnen und Erbsen. Ich sagte zur Oma, ich müsse einmal auf die Toilette, und begab mich mit einer Tasche in die Büsche, dort erntete ich frisches Gemüse.
Zuerst war meine Oma nicht erfreut, als ich mit gestohlenem Gemüse ankam, doch Hunger tut weh, wir wollten überleben! Wenn ich alleine zum Friedhof ging, kam ich immer mit frischem Gemüse nach Hause. Ich wusste, dass es Feldschütze gab, aber erwischt haben sie mich nie, ich hatte gute Augen und war flink.

Meine Finger heilten sehr schlecht, ein Arzt im Krankenhaus meinte, es könne vielleicht Phosphor in der Wunde sein. Jetzt bekam ich auch eine gelbe Salbe auf die Wunden, doch das Fleisch klaffte immer noch weit auseinander, Nähmaterial gab es noch immer nicht im Krankenhaus.

An einem schönen Tag wollte ich auf unser flaches Dach gehen, um mich in die Sonne zu setzen. Oma machte den Vorschlag, ich solle den Verband an der Hand entfernen und die Wunden in die Sonne halten, die Sonne würde Wunden heilen. Das machte ich auch, band die Binden ab, legte sie auf den Dachboden, von Keimfreiheit hatte ich noch nichts gehört, und hielt brav die Finger in die Sonne. Daraufhin heilten meine Wunden wirklich. Die Sonne war das beste Heilmittel. Ich hatte Glück, ich habe keine Entzündung wegen verschmutzten Verbandmaterials bekommen. Der Mittelfinger ist allerdings nicht mehr richtig verheilt, noch heute habe ich Probleme damit.

Unsere Nachbarin wusste auch nicht mehr, wie sie ihre zwei Kinder ernähren sollte; deshalb entschloss sie sich, nach Gonsenheim in die Felder zu gehen und Gemüse zu stehlen.
Ihr jüngstes Kind saß noch im Sportkinderwagen, und sie schlug mir vor, mitzugehen. Natürlich war ich gleich dabei. Ich nahm die Fahnentaschen, und wir gingen zu Fuß nach Gonsenheim. Im Feld rissen wir Wirsing aus dem Boden. Wir hatten schon die Taschen voll, als ein Feldschütz kam, der von den Franzosen als Wächter eingesetzt war. Ich selbst hätte noch fortrennen können, doch die Nachbarin mit ihrem Kinderwagen war nicht so schnell, ich wollte sie nicht alleine lassen und hatte auch keine Angst vor einem Feldschütz.
Wir mussten mit in das Gonsenheimer Rathaus, wo wir von den Franzosen verhört wurden. Wir wurden getrennt in verschiedene Zimmer gebracht, und eine Befragung begann. Wir sollten verhaftet werden und ins Gefängnis kommen, da wir von den Franzosen beschlagnahmtes Gemüse gestohlen hatten.
Ich hatte damals noch die linke Hand verbunden und witterte gleich meine Chance. Ich erzählte dem Dolmetscher, dass mein Vater vermisst sei und meine Mutter von der SS erschossen wurde. Ich schilderte die Situation dramatischer, als sie war. Meine alten Großeltern seien am Verhungern, und ich wolle sie davor bewahren. Ich setzte mich absichtlich ganz elend hin und ließ meine verbundene Hand sichtbar auf dem Schoß liegen. Der Franzose ließ fragen, was ich an der Hand hätte, ich erzählte von der Beschießung und Verletzung durch die SS. Alles wurde übersetzt, und ich merkte, dass der Franzose bei dem Wort SS immer aufhorchte. Ich wollte den Verband aufrollen, um ihnen die beiden zerschossenen Finger zu zeigen, doch sie verzichteten darauf.
Der Dolmetscher fing plötzlich an zu weinen und sprach französisch, dann aber weinend in Deutsch: „Ist das nicht schlimm, das arme Kind steht alleine da, hat keine Eltern mehr und soll ins Gefängnis!" Ich wusste, dass ich es geschafft hatte. Ich wurde gefragt, ob ich heute schon etwas gegessen hätte, das hatte ich sogar, trockenes Maisbrot, das sagte ich aber nicht. Ich machte ein leidendes Gesicht und log, dass ich schon seit drei Tagen nichts mehr gegessen hätte und die Nachbarin auch nichts mehr habe, deshalb wären wir Gemüse holen gegangen. Der Dolmetscher ging in einen Nebenraum und brachte mir zwei Stücke gutes Schwarzbrot

mit Leberwurst darauf. Er sagte: „Hier Kind, iss das Brot, damit du wieder zu Kräften kommst, lass es dir schmecken!" Es war das beste Leberwurstbrot, das ich je gegessen habe!
Sie beratschlagten in Französisch, was sie mit mir machen sollten, und gegen Abend durfte ich dann nach Hause, die Taschen aus dem Nazistoff behielten sie allerdings, einschließlich des Wirsings.

Unser alter Nachbar Herr Kauf hatte Glück und bekam als Hausbursche eine Arbeit im französischen Restaurant in der Augustinerstraße 55, wo heute das Restaurant Rebstock ist. Dort konnten die Franzosen genüsslich speisen. Der französische Koch ließ die Soßen von den Schweine- und Rinderbraten fein durchpassieren, damit ja keine Zwiebeln oder Gewürze mehr darin waren. In dem durchpassierten „Abfall" waren sogar manchmal kleine Fleischfasern drin. Wenn Herr Kauf diesen Abfall ausleeren musste, dann füllte er ihn in einen Eimer und brachte ihn mit nach Hause.
Manchmal bekamen wir und auch die anderen Hausbewohner etwas von dem guten Abfall ab. Meine Oma verdünnte den Brei etwas und wir hatten zusammen mit Kartoffeln eine gute Mahlzeit.
Die Franzosen konnten ihre französischen Zeitungen im Restaurant lesen; waren sie fertig, so nahm sie Herr Kauf mit nach Hause und schnitt sie in kleine, handliche Stückchen als Toilettenpapier, da wir das Klosett gemeinsam benutzten, waren auch wir Nutznießer von den französischen Nachrichten, Papier war Mangelware!

Der Müll von dem französischen Restaurant in der Leichhofstraße wurde zeitweise zum Abtransport in die Heiliggrabgasse gestellt, dort suchten Frauen nach brauchbaren Resten. Es gab dort auch als Verpackungsmaterial Holzwolle, welche zum Feuer anmachen sehr begehrt war. Oft waren wir Kinder schneller als die Erwachsenen, und benutzten die Holzwolle um Unfug damit zu betreiben. Da die meisten Leute einen Gürtel am Mantel hatten, ersannen wir ein lustiges Spiel. Wir besorgten uns Draht, umbanden die Holzwolle damit, und oben am Draht bogen wir einen Haken. Ein Kind lenkte freundlich die jeweiligen Männer oder Frauen ab, indem es ein Liedchen sang, meistens „Ritz om Boo, Ritz om Boo, morje fängt die Fassenacht oo!" Dabei klopfte es sanft dem Opfer auf den Rücken, während das andere Kind den Holzwollschwanz vorsichtig hinten in den Mantelgürtel steckte. Wir hatten unseren Spaß, wenn die Leute mit der Holzwolle als Schwanz durch die Stadt gingen, ohne etwas zu merken. Es kam aber auch vor, dass die Passanten es merkten und ihren Schwanz schnell entfernten, wir liefen dann lachend über die Trümmer und versteckten uns hinter Trümmermauern oder aufgebrochenen Kellern. Besonders gerne benutzten wir dafür die total zerstörte Rheinstraße, denn auf diesem großen Trümmerfeld hatten wir die besten Flucht- und Versteckmöglichkeiten. Für die Erwachsenen war die zerstörte Stadt eine Katastrophe, doch für uns Kriegskinder waren die großen Trümmerfelder ein Paradies der Freiheit.

Bevor wir das Glück hatten, dass Herr Kauf in der gemeinsamen Toilette die französische Zeitungen zu „Abbuzzbabier" schnitt, waren wir gezwungen alte Stofflappen für die Hygiene zu benutzen, welche mit Rheinwasser nach jedem Gebrauch gereinigt wurden.
Was waren die Menschen damals glücklich, als wieder die erste deutsche Zeitung gedruckt wurde! Zu Anfang erschien der *Mainzer Anzeiger* unregelmäßig, doch die Leute hatten das Gefühl, es ginge aufwärts. Das Zeitungspapier war noch von schlechter Qualität, doch konnte man nach dem Lesen das Papier auch noch als Einwickelpapier beim Einkauf, zum Anfeuern, als Toilettenpapier oder als wärmende Einlagen für die Winterschuhe zurechtschneiden.
Zum Einkauf der zugeteilten Rationen drehte man die Zeitung geschickt zu Einkaufstüten. Hatten wir Kinder das Glück eine gelesene Zeitung zu ergattern, so falteten wir uns Hüte und Helme daraus, welche wir stolz auf dem Kopf trugen. Auch waren wir sehr geschickt darin, kleine Schiffchen zu falten, die wir dann auf dem Rhein schwimmen ließen, gespannt schauten wir, welches Schiffchen am längsten auf dem Wasser trieb. Zeitungspapier war damals ein wertvolles Sammelgut.

Auf einigen Feldern wurden Futterrüben angebaut; diese Äcker waren nicht so streng bewacht. Aus den Blättern der Rüben kochten wir Gemüse.
Hatte man Glück und bekam Äpfel, so sorgte man für den nächsten Winter vor. Die Äpfel wurden geschält, man schnitt das Gehäuse heraus und teilt die Äpfel in Viertel oder Achtel . Die Stücke reihte man auf Schnüre und hängte sie zum Trocknen an die Fenster. Die Apfelreihen, untereinander gereiht vor den Fenstern hängend, sahen aus wie Gardinen. Waren die Apfelscheiben getrocknet, so hatte man für den nächsten Winter Vorrat. Wir Kinder aßen die getrockneten Scheiben gerne, wie sie waren, wurden sie in Wasser eingeweicht und gekocht, so hatte man einen Apfelbrei. Aus Kartoffeln gekochter Brei und Apfelbrei zusammen hieß Himmel und Erde. Und Ofenrutscher waren Kartoffelkuchen, ohne Fett auf der Herdplatte gebacken.
Verwandte von uns ergatterten von einem Apotheker eine Flasche Rizinusöl. Sie backten damit Kartoffelpfannkuchen; sie hätten sehr gut geschmeckt, doch am nächsten Tag hatten alle Durchfall.
Im Sommer hatten wir Kirschen bekommen, in jeder Kirsche war ein kleines weißes Würmchen drin, das nahm niemand tragisch, es war eine zusätzliche Fleischration ohne Fleischmarken und ohne Geld.
Manchmal hatten wir Glück und bekamen aus der Mombacher Gegend Aprikosen, welche bei uns in Mainz Maleeden heißen. Die Maleedenbauern ließen sich nicht mit Geld bezahlen, sondern mit Tauschware. Konnten wir genug Maleeden auf dem Tauschweg bekommen, so wurde ein Teil für den Winter getrocknet. Die Aprikosensteine wurden auch an der Sonne getrocknet und der weiche Innenkern aufgehoben als Ersatz für Mandelkerne, sie wurden als Bittermandelgewürz in den Kuchenteig und in andere Speisen gegeben. Es durften jedoch nur wenige

Aprikosenkerne verwendet werden, da sie sehr viel Blausäure enthielten.
War das zugeteilte Brot schon schimmelig, so schnitt man die Schimmelstellen heraus. Niemand wäre auf die Idee gekommen schimmeliges Brot fortzuwerfen. Alles wurde verwendet, nichts flog in den Mülleimer wie das heute oft der Fall ist. Hartes Brot wurde in Wasser eingeweicht und daraus eine Brotsuppe gekocht oder es wurde auf der Handreibe gerieben und ergab Weckmehl (Brösel).
Hatten wir Fett, was nicht immer der Fall war, so röstete meine Oma das fein geriebene harte Brot darin goldbraun, und übergoss damit unsere Salzkartoffeln. Hatten wir Glück und bekamen Zuckerrüben, so stellte meine Großmutter einen guten Sirup her. Die Rüben wurden gründlich gebürstet, danach in dünne Scheiben geschnitten und mit Wasser übergossen. Auf dem Kohlenofen wurden die Rüben, bei wenig Hitze, stundenlang, oft tagelang, langsam gekocht bis alles ein dickflüssiger Sirup war. Da man mit dem Trümmerbrennholz oder der zugeteilten Ration Kohlen sehr sparsam umgehen musste, kochten einige Hausbewohner immer gemeinsam ihren Sirup, der ein gut schmeckender Brotaufstrich war, und uns ausgehungerte Kinder zum heimlichen Naschen verleitete.
Im Rosengarten haben wir Bucheckern gesammelt, es waren aber so viele Leute beim Sammeln, dass man kaum das Glück hatte, einige zu finden. Aus den Bucheckern wurde Öl hergestellt. Die wenigen Buchecker, die ich fand, löste ich sofort aus der Schale und aß sie an Ort und Stelle.

Die Bahnverbindungen wurden wieder hergestellt, und so konnte man aufs Land fahren, um Essen zu beschaffen. Als der Hunger wieder einmal unerträglich war, fuhr ich mit meiner Oma nach Klein-Winternheim. Wir klingelten und klopften an den Türen der Bauern, doch die meisten öffneten nicht. Einige wollten sogar den Hund auf uns hetzen. Öffnete eine Bäuerin doch ihr Tor und sah uns Bettler, wollte sie wissen, was wir zu bieten hätten. Wir waren ausgebombt und konnten nicht mehr viel bieten.
Meine Oma flehte einmal eine Frau an, sie solle doch wenigstens mir ein Stückchen Brot geben, doch die Frau blieb hart, sie gab mir nur eine kleine rohe Kartoffel. Wer Wertsachen zum Tausch anbieten konnte, hatte Glück bei den Bauern. Viele Mainzer tauschten alles, was sie besaßen, ein, um Essen zu bekommen.
Ich schämte mich, von Haus zu Haus gehen zu müssen und um ein Stückchen Brot oder eine Kartoffel zu betteln, das war nichts für mich.
Meine Großmutter, die jetzt die Verantwortung für mich und meine Erziehung übernommen hatte, wollte mich auch in diesen schweren Zeiten zu einem ehrlichen, ordentlichen Menschen erziehen. Stehlen war etwas Böses, Betteln war anständiger. Ich sah das völlig anders, diese Erniedrigungen und Beleidigungen durch die Bauern waren unter meiner Würde. Ich weigerte mich, noch einmal bei Bauern betteln zu gehen, lieber wollte ich hungern. Auch Irmgard lehnte es ab, zu betteln, sie war zu stolz dazu.
Ich trug jetzt freiwillig eine Verantwortung. Ich konnte zum Unterhalt der Familie

gut beisteuern, das wusste ich.
Eines Tages ging ich mit Marianne, die auch bei uns im Haus wohnte, nach Hechtsheim; dort wurde ein Acker mit Korn abgeerntet, danach durften die Leute Ähren lesen. Es waren so viele Leute auf dem Acker, dass man kaum die Möglichkeit hatte, eine Handvoll Körner von dem Acker aufzusammeln. Hatten wir genug Korn, so rösteten wir es dunkelbraun in der Pfanne, danach wurden die gerösteten Körner in der Kaffeemühle als Malzkaffee gemahlen.
In den Trümmern pflanzten Männer Tabak an; wenn die unteren Blätter gelb waren, schnitt man sie ab, reihte sie auf Fäden und hängte sie zum Trocknen an die Fenster. Waren die Blätter dürr, dann schnitt man sie ganz fein auf einem Brett, und fertig war der Tabak. Der Tabak war ein gutes Tauschmittel auf dem Schwarzmarkt.

DER SCHWARZMARKT

Wer überleben wollte, musste sich etwas einfallen lassen. Es gab mehrere Möglichkeiten, um zu überleben, eine davon war Schieben oder Schwarzhandel betreiben. Schieben oder Quanteln, Hamstern, Fechten und Ergattern waren damals normale Dinge.
Am Kirschgarten gab es einen regen Schwarzhandel, dort konnte man einiges erwerben. Besonders gute Geschäfte waren mit Zigaretten, Alkohol, Butter, Schokolade, Medikamenten und noch vielen anderen Sachen zu machen. Der Schwarzhandel blühte nicht im Verborgenen, sondern ganz offiziell.
Die Franzosen wollten das Schieben unterbinden, jedoch mehr für ihre eigenen Zwecke. Alles, was sie beschlagnahmten, war für sie selbst bestimmt. Die Schieber hatten gute Wachposten an allen Straßenecken stehen, oft waren es „Mitarbeiter" oder Familienangehörige, die Schmiere standen. Am besten eigneten sich dafür Kinder, sie fielen am wenigsten auf.
Bei einer Razzia kamen die Franzosen plötzlich von allen Seiten mit ihren Jeeps und Lastwagen angefahren, doch die Wächter waren schneller, warnten mit einem Pfiff oder einem anderen Signal. Meistens kamen die Franzosen von der Leichhofstraße und Augustinerstraße angefahren, doch schneller als ein Blitz waren die „Geschäftemacher" in Häusern, in der Heiliggrabgasse oder Schönbornstraße verschwunden.
Auch die Amerikaner und Franzosen beteiligten sich am Schwarzmarkt. Sie stahlen in ihren Kasernen und verhökerten die Beute bei den Deutschen für Schmuck oder andere Sachen.
Wir hatten keine Leine, um unsere Wäsche aufzuhängen. Auf dem Schwarzmarkt bekam mein Opa eine Rolle französische Telefonkabel, die ein Franzose im Tausch-

geschäft gegen Wein geliefert hatte. Telefonkabel waren stabile, unverwüstliche Wäscheleinen.
Aus der amerikanischen und französischen Armee konnte man vieles auf dem Schwarzmarkt beziehen, man musste allerdings teuer bezahlen oder Tauschmittel besitzen.
Bei den deutschen Frauen waren die Nylonstrümpfe sehr begehrt, man nannte sie Glasstrümpfe, weil sie so durchsichtig waren, dass man darunter die Beinhaut sehen konnte. Besonders modisch waren die dunklen Nähte der Strümpfe, sie mussten kerzengerade an den Waden hoch laufen. Die Nylonstrümpfe bezogen die Deutschen von den Amerikanern, vorher kannte man die hauchdünnen Strümpfe nicht. Auf dem Schwarzmarkt waren sie teuer zu erwerben.
Die Raucher hatten ihre Not, sie litten unter Entzugserscheinungen. Dieses Wort kannte man aber nicht im Krieg, man wusste auch nicht, dass Rauchen schädlich ist. Bei uns in der Familie hatte nur mein Großvater gelegentlich geraucht. Wir hatten einen Verwandten, den ich nicht ausstehen konnte; er hatte in seinem Garten für den Hausgebrauch Tabakpflanzen angebaut. Ich kletterte über seinen Zaun, pflückte die gelben Blätter ab und brachte sie meinem Großvater.
Die Amerikaner rauchten ihre Zigaretten nie bis zum Ende. Filterzigaretten gab es damals noch nicht. Sie warfen die Kippe auf die Straße und amüsierten sich, wenn die Deutschen die Stummel aufhoben. Manche Amerikaner erlaubten sich den Spaß, steckten eine Zigarette an und warfen sie dann den Mainzern vor die Füße, damit sie die brennende Zigarette aufheben konnten. Die Mainzer sind für ihren Humor bekannt, und so fragten sie die Amis: „He, Ami, have you e Zigarett ferr de Boddem?"
Meine Spielkameraden hatten sich einen Stock besorgt, aus dem unten ein spitzer Nagel herausstand, mit dem konnten sie dann leicht die Kippen aufstechen, ohne sich bücken zu müssen. Wenn sie genug Zigarettenstummel gesammelt hatten, verkauften sie diese an Raucher. Mir wurde das Kippenstechen verboten, was andere Leute schon im Mund gehabt hatten, durfte ich nicht aufheben.
Durch die Hungerjahre waren viele Erwachsene und besonders viele Kinder an Tuberkulose erkrankt; sie hatten keine Abwehrstoffe mehr gegen diese Infektion. Das war ein Grund, warum mir verboten wurde, Kippen zu stechen und angebissenes Essen anzunehmen.
Bei einem Vortrag über die Mainzer Kriegskinder wurde gesagt, die Altstadtkinder hätten fast alle Rachitis gehabt. Das ist nicht wahr; ich kenne kein Kind meines Alters, das an Rachitis erkrankt war, dazu waren wir Trümmerkinder viel zu oft im Freien und an der Sonne.
Im Sommer badeten wir Kinder gerne im Rhein, das Wasser war sauber, da es keine Industrieabwässer enthielt. Die früheren Schwimmbäder wie Ohaus, Moes, genannt Meesje und Watrin waren durch die Bombenangriffe alle in den Rheinfluten versunken. Trotzdem hatten wir unsere Freude am Baden und lernten auch ohne Unterricht schwimmen.

Die erste Badeanstalt nach dem Krieg wurde von Karl Watrin aufgebaut. Unsere frühere Mitbewohnerin, Frau Henninger, war finanziell bei Watrin mitbeteiligt; sie hatte auch ein Zimmer in der Badeanstalt, wo sie fest wohnte. Durch die Freundschaft mit Frau Henninger durften Irmgard und ich kostenlos das Schwimmbad besuchen. So kam durch eine Zwangseinweisung der Nationalsozialisten eine lebenslange Freundschaft zustande.

Bald nach Kriegsende wurde eine Stadtverwaltung am Pulverturm eingerichtet. Dort gab es auch eine Kleiderkammer. Die Amerikaner lieferten Kleider, warme Mäntel, Schuhe und Decken. Wer einen Kriegsgeschädigtenausweis hatte, konnte dort Kleider erhalten. Auch wir hatten eine Bescheinigung und bekamen warme Winterkleidung und eine rosa Decke mit Blümchen darauf.
Zeitweise gab es eine amerikanische Lieferung von Ei- und Milchpulver, das ergänzte unseren mageren Speiseplan.
Direkt nach dem amerikanischen Einmarsch besorgte uns Michel gefrorene Pflaumen aus Armeebeständen, die Amis hatten schon damals eine Tiefkühlkost, was bei uns noch nicht bekannt war.
Der erste Millionär in Mainz war der Schrotthändler Max Ahr am Winterhafen. Er verdiente sein Vermögen mit Schrott und „Material" aus den Armeebeständen.
Am Eingang des Schrottplatzes saß ein alter Mann, der die Ware wog, taxierte und bezahlte. Wir Kinder hatten bald spitz, dass man hinten an der Eisenbahnbrücke, wo der Winterhafen zu Ende ist, leicht auf den Schrottplatz gelangen konnte. Wir stahlen dort Metalle und Kupferdrähte und brachten sie vorne am Eingang zu dem alten Arbeiter. Wenn er fragte, wo wir das Zeug herhätten, so sagten wir frech: „Von den Amis geklaut!" Der Alte wog die Ware und gab uns etwas Geld dafür. Er hat nie gemerkt, dass wir es am Schrottplatzende „ehrlich mitgenommen hatten". Das Wort „ehrlich mitgenommen" stand damals für „klauen".
Herrn Ahr selbst haben wir wenig gesehen; er hatte größere Geschäfte mit Amerikanern und Franzosen zu tätigen.
Das Ehepaar Ahr wohnte in einem Holzhaus beim Schrottplatz. Frau Ahr saß meistens in ihrem kleinen Wintergarten und machte Handarbeiten. Sie war wachsam. Wenn wir sie im Wintergarten erblickten, machten wir einen Umweg über den Rheindamm und die Drehbrücke; da verlor sie uns aus den Augen, und wir konnten zu dem alten Mann, um unsere Beute zu verhökern.
Viele Jahre später, etwa 1993, wurden die Lager des Schrotthändlers Ahr abgerissen, und man fand Kisten mit Munition aus amerikanischen und französischen Beständen. Auch original verschlossene Kisten mit schwarzen Siemens-Telefonen waren noch in dem Lager.

HANDWERKLICHE GESCHICKLICHKEIT

Da die gesamte Industrie zerstört war, überlegten viele handwerklich begabte Leute, wie sie ihren Lebensunterhalt verdienen konnten. Einige Handwerker stellten aus Kriegsschrott Kochtöpfe und andere Haushaltsgegenstände her. Aus Stahlhelmen wurden Schüsseln und Siebe hergestellt; die Geschicklichkeit einiger Leute war zu bewundern. In unserer Nachbarschaft stellte ein Mann Rasierklingen her; wenn sie stumpf waren, schliff er sie wieder nach. Aus Holzresten wurden Wäscheklammern hergestellt: das war ein längliches Holzstück, welches an einem Ende einen spitz zulaufenden Einschnitt hatte, der auf der Leine in die Wäsche geklemmt wurde (Abbildung unten). Material für eine Wäscheklammerspirale gab es nicht, die ausgebomten Frauen waren froh, solche einfachen Klammern zu haben.

Im Sommer liefen wir Kinder barfuß, wir mussten die Schuhe für den Winter aufheben. Es gab auf Schuhmarken nur ein Paar Schuhe im Jahr.
Es gab auch Sommersandalen aus drei Holzstücken, zusammengehalten mit primitiven Lederriemen, die mit Nägeln an das Holz geschlagen wurden, man nannte diese Sandalen Klepper. Mit den Kleppern konnten wir recht laut auf der Straße Lärm machen, doch sie waren schnell kaputt, und bequem zu laufen war damit auch nicht möglich.

DER KOHLENKLAU

In der Kriegszeit gab es ein Plakat „Stoppt den Kohlenklau!" Dieses Schild wurde an vielen Haustüren angebracht. Schon damals waren Kohlen knapp, obwohl es in Deutschland Kohlengruben gab. Nach Kriegsende war das Stehlen von Kohlen lebensnotwendig. Die Winter damals waren bitterkalt, oft trieben große Eisschollen auf dem Rhein, oder er war sogar ganz zugefroren. Es gab keine Kohlen mehr, und das Holz aus den Trümmern war längst aufgebraucht. Die Kohlen, welche die Schiffe brachten, wurden am Winterhafen in Züge umgeladen, zum Abtransport nach Frankreich; wir Deutschen durften frieren.

Aus der Not heraus schlichen nachts viele Leute mit Säcken, Taschen und Körben zum Hafen, um heimlich an die Kohlenwaggons heranzukommen. Die Waggons wurden von den Franzosen gut bewacht, doch gelang es den Leuten mit vielen Tricks, Kohlen zu stehlen. Man musste aufpassen, die Besatzer kannten kein Pardon, sie schossen scharf.
Einmal wurde ein Bub von 14 Jahren beim Kohlenklauen erschossen. Das hat sich bei den Kohlenklauern in Windeseile herumgesprochen. Selbst bei Kindern waren die Sieger hart.
Auch meine Familie brauchte Kohlen. Ich schlich mich bei Tage an die Waggons heran und stopfte die Tasche voll mit Briketts; ich hatte Glück und wurde nicht gesehen. Sicherer war es, abzuwarten, bis ein Schiff entladen wurde, es fielen dabei immer einige Kohlen herunter, die man schnell aufhob. Manchmal hatte ich Glück und bekam von den Schiffern ein Brikett geschenkt, oder sie ließen absichtlich Kohlen fallen, die man schnell aufhob.
Fuhren deutsche Lastwagenfahrer für die Franzosen Kohlen, so kam es manchmal vor, dass sie absichtlich schnell um eine Kurve fuhren oder kurz auf die Bremse traten, damit einige Kohlen von dem Auto fielen, die hoben wir dann schnell auf.

DIE KRIEGSGEFANGENEN

In Hechtsheim und auch an anderen Orten waren von den Franzosen Kriegsgefangenenlager für deutsche Soldaten eingerichtet worden. Es ging den armen Gefangenen sehr schlecht, sie hatten kaum etwas zu essen und vegetierten dahin.
Damals gab es keine Telefone, doch es sprach sich immer alles ganz schnell herum, so auch, dass die Gefangenen am Verhungern seien.
Viele Mainzer liefen zu den Lagern, um den armen Soldaten Essen zu bringen. Was konnten diese armen Menschen dafür, dass sie gezwungen worden waren, für Führer, Volk und Vaterland zu kämpfen. Sie hatten ihre Pflicht getan, sie mussten ihr Vaterland verteidigen. Viele waren verwundet oder total entkräftet. Für uns Deutsche waren auch unsere Soldaten Helden.
Die Franzosen waren hart, sie hatten kein Mitleid. Brachten Mainzer Frauen an den Stacheldrahtzaun Brot oder Suppe, so konnte es passieren, dass die französischen Bewacher es beschlagnahmten.
Meine Oma hatte Öl besorgt und wir richteten einen Kartoffelsalat an. Ich durfte helfen, die Kartoffeln in Scheiben zu schneiden. Wo sie die Einmachgläser herhatte, das weiß ich nicht, jedenfalls füllte sie den Salat in Gläser und leere Konservendosen aus Armeeabfällen, und wir gingen zu Fuß mit dem Salat bis nach Hechtsheim an die Kaserne.
Das Gefangenenlager war sehr groß; gefangene deutsche Soldaten standen, saßen und lagen im Freien. Meine Oma hatte Angst, die Wachen könnten auf sie schießen, und so lief ich den Straßengraben hoch an den Stacheldrahtzaun und

schob den Salat durch. Mich als Kind hätten die Wachen sicher nicht erschossen. Ich sah die traurigen Gesichter, die ausgehungerten Soldaten, ich war froh ihnen etwas geben zu können.
Jetzt hatte ich kein gutes inneres Verhältnis mehr zu den Franzosen, ich verachtete sie. Ich konnte mit meinem kindlichen Verstand nicht begreifen, weshalb Menschen so grausam sein können, wir hatten doch auch unser Essen mit den französischen Gefangenen geteilt, ihnen Kleidung gegeben, wir hatten ihnen vielleicht sogar das Leben gerettet, warum taten sie nicht das Gleiche?
Später, als wir wieder Schulunterricht hatten und uns empfohlen wurde, Französisch zu lernen, lehnte ich das ab; ich war enttäuscht und wütend auf die Franzosen.
Im besetzten Rheinland lernten wir im Schulunterricht alle Städte, Flüsse und Gebirge von Frankreich auswendig. Beim Abhören sollte ich die französischen Flüsse aufzählen. Ich hatte sie nicht alle im Kopf und sagte bockig: „Das brauch ich nicht auswendig zu lernen, nach Frankreich komme ich in meinem ganzen Leben nicht hin!" (Jetzt, nach vielen Jahren, habe ich alle schiffbaren französischen Flüsse befahren.)

WO IST DAS GRAB MEINER MUTTER?

An Allerheiligen 1945 war auf dem Mombacher Waldfriedhof eine Gedenkfeier für die Gefallenen und die Kriegsopfer.
Das Grab meiner Mutter war immer schön geschmückt, doch an der Gedenkfeier konnte meine Großmutter nicht teilnehmen, sodass ich alleine auf den Friedhof ging. Als ich am Grab stand, kamen Leute, die auch ihren umgekommenen Vater suchten. Der Friedhofswärter hatte eine Liste und zeigte auf das Grab meiner Mutter, hier läge der Mann. Die engen Massengräber waren inzwischen mit kleinen Holzstöckchen abgesteckt.
Ich sagte zu ihm: „Nein, hier liegt meine Mutti begraben!" Er antwortete barsch: „Das Grab ist falsch, hier liegt der Herr von Nienstädt, deine Mutter liegt vier Gräber weiter!" Er riss das Holzkreuz meiner Mutter heraus und bohrte es vier Gräber weiter in den sandigen Boden. Die vielen Blumen mit ihren Vasen durfte ich selbst auf das neue Grab tragen. Den Leuten, die das Grab von Herrn von Nienstädt suchten, tat das Leid, sie glätteten an ihrem Grab die aufgewühlte Erde und richteten unsere eingegrabenen Pflanzen.
Ich nahm an der Trauerfeier nicht mehr teil, ich lief traurig nach Hause zu Oma.
Am anderen Tag gingen wir zusammen zur Friedhofsverwaltung. Uns wurde bestätigt, dass der Friedhofswärter die falsche Liste gehabt hätte, das jetzige Grab wäre das richtige. Wieder legten wir es neu an, es war eines der schönst geschmückten Gräber.
Nach langer Zeit wurden auf die Kriegsgräber einheitliche Schilder aufgestellt, die

Privatkreuze sollten entfernt werden. Wir staunten nicht schlecht, als der Name meiner Mutter wieder an einem anderen Grab stand, er war auch noch falsch geschrieben. Entnervt gingen wir wieder zur Friedhofsverwaltung. Es gab dort insgesamt vier verschiedene Listen vom Verscharren der Toten. Auf der vierten Liste lag meine Mutter wieder auf einem anderen Platz in der Erde. Meine Oma bestand darauf, dass der Name meiner Mutter mit Ermisch und nicht mit Emrich eingetragen werde. Das wurde auch in unserem Beisein geändert, doch später, als neue Schilder angefertigt wurden, stand wieder Betty Emrich darauf. Ich ging daraufhin alleine zur Verwaltung und bat, jetzt endlich den Namen in der Liste richtig zu notieren, was auch in meinem Beisein getan wurde. Als nach einigen Jahren das Kriegerdenkmal mit den Namen aller Kriegsopfer seinen Platz bekam, war der Name wieder falsch geschrieben.
Beim späteren Umbetten der Opfer stand und steht bis zum heutigen Tag Betty Emrich auf dem Gedenktäfelchen.
Wie viele Listen damals von den Toten angelegt wurden, das weiß ich nicht, doch später hätte die Friedhofsverwaltung gewissenhafter arbeiten müssen, zumal wir immer wieder den Eintragungsfehler berichtigen ließen. Heute weiß ich, die Gebeine meiner Mutter liegen irgendwo auf dem Waldfriedhof unter dem Namen Betty Emrich und nicht unter ihrem richtigen Namen Betty Ermisch begraben.
In der Nähe meiner Mutter liegt auch Frau Pfeufer bei den Kriegsopfern. Sicher ist sie nicht durch meinen Kinderfuß zu Tode getrampelt worden, doch es war schlimm für mich, zu wissen, dass auch ich in der Panik über sie gestürmt bin.

WO WAR IRMGARD?

Irmgard hatte eine Freundin mit dem gleichen Namen, sie wohnte in der Rheinstraße. Ihre Mutter hatte einen holländischen Ehemann mit einem Frachtschiff. Da die Mutter oft in Holland war, leistete Irmgard gerne der einsamen Freundin Gesellschaft.
Nach Kriegsende herrschte abends ab 17 Uhr strenge Sperrstunde. Irmgard wollte frühzeitig nach Hause, da sie wusste, wenn sie in die Sperrstunde gerät, drohte Polizeigewahrsam oder noch Schlimmeres.
Es gab damals „German Fräuleins" die sich gerne für Zigaretten, Kaffee oder Schokolade bei den Amis einsperren ließen. Diese Mädchen wurden von den Mainzern als Amihuren bezeichnet.
Irmgard verabschiedete sich zeitig, doch da kam die Mutter ihrer Freundin von der Rheinseite her und überredete sie, noch einen Moment zu bleiben, da das Schiff Zigaretten, schwarzen Tee, Kaffee, Schokolade und noch einige andere Sachen mitgebracht hätte. Jeden Moment käme ihr Mann mit den Luxusgütern.
Natürlich verspätete Irmgard sich dadurch und konnte nicht mehr pünktlich nach Hause kommen, die Gefahr, verhaftet zu werden, war zu groß. Deshalb übernach-

tete Irmgard bei ihrer Freundin.
Als die Sperrstunde begann, wurde meine Großmutter nervös: Wo war ihre Tochter? Den ganzen Abend und die ganze Nacht schaute sie am Treppenfenster hinaus auf die Straße, doch außer Militärpolizei, die mit Gewehren Patrouille lief, war die Straße leer, keiner wagte sich hinaus. Die ganze Nacht wartete sie, kein Auge tat sie zu, sie war nicht zu beruhigen, wo war ihre 18-jährige Tochter? Meine Oma war verzweifelt, niemand konnte sie trösten, mit den Nerven war sie am Ende.
Als Morgens die Sperrstunde vorbei war, kam Irmgard fröhlich nach Hause. Sie jubelte laut: „Seht einmal, was ich alles mitgebracht habe!" Sie zog ihre Handschuhe aus und warf lauter lose Zigaretten heraus, ihre Manteltaschen waren voll mit Schokolade. Im Mantel versteckt kam Kaffee und Tee heraus, alles legte sie strahlend auf den Tisch.
Meine Oma schaute die Sachen nicht einmal an, sie schlug Irmgard mitten ins Gesicht, sie verprügelte sie fürchterlich und schrie: „Dass ich das noch erleben muss, dass du so etwas der Familie antust, das hätte ich nie von dir gedacht!" Dabei schlug sie heftig zu.
Irmgard weinte und schrie fürchterlich, aber meine Oma war nicht mehr zu bremsen. Durch das laute Schreien liefen unsere Nachbarn herbei, sie wollten wissen, was passiert sei. Irmgard hatte vor lauter Schreien nichts aufklären können und war weinend ins Bett gefallen. Das Missverständnis klärte sich auf, Irmgard hatte die Familie auf anständige Art beschenken wollen, doch die Prügel dafür konnte ihr die Mutter nicht mehr abnehmen. Arme Irmgard!

ZWEI WEIHNACHTSFESTE, EIN VERGLEICH

Vor der Bombardierung hatten wir ein schönes Weihnachtsfest gehabt, wir feierten alle gemeinsam bei den Großeltern in der Kapuzinerstraße. Der große, ovale, gusseiserne Ofen in der guten Stube mit den schönen Figuren darauf wurde einen Tag vorher angeheizt. Diese Wohnstube war nur für besondere Feierlichkeiten geöffnet, ansonsten war sie verschlossen.
Bei den Vorbereitungen des Bescherabends musste ich draußen bleiben, was mich immer geärgert hat, ich wollte doch auch das Christkind sehen. Wenn dann am Heiligabend das Christkind fortgeflogen war, und das kleine Glöckchen zum Eintreten erklang, war ein großer, wunderbar geschmückter Christbaum zu sehen. Es wurden Weihnachtslieder gesungen und die Weihnachtslegende vorgelesen.
Zwei Puppenküchen, ein Bauernhof und ein Puppenwagen waren – frisch hergerichtet – wieder vom Christkind gebracht worden. Irmgard hatte damals eine sehr schöne Puppenküche, mit gestickten Deckchen und schönen Möbeln.
Meine Puppenküche war rustikaler, da ich Jüngere keine Ordnung halten konnte. Natürlich spielte ich lieber mit der anderen Puppenküche, doch Irmgard war darüber sehr verärgert, wegen der Unordnung, die ich ihr hinterließ. Jeder hatte seine

eigenen Puppen und einen Teddybär; der kleinere gehörte Irmgard und hatte den Namen „Mariannchen", der größere, nicht ganz so gute Bär gehörte mir und hatte den Namen „Bauer". Warum ich den Bären so nannte, weiß ich heute selbst nicht mehr.
Wir waren eine zufriedene, glückliche Familie, bis der Krieg uns das alles wegnahm.
1945 war plötzlich alles anders. Wir waren ausgebombt, wohnten in einer viel zu kleinen, halbzerbombten Wohnung, hatten kaum etwas zum Leben und meine Mutter war nicht mehr unter uns.

TAUSCH: SCHLITTSCHUHE GEGEN HASEN

Es gab noch von meiner Mutter ein Paar Schlittschuhe, diese wurden von meinem Großvater bei einem Kollegen aus Guntersblum eingetauscht gegen einen Hasen. Der Kollege brachte den Hasen lebend und nahm die Schlittschuhe als Weihnachtsgeschenk für seine Tochter mit. Ich war glücklich, ein echtes, lebendes Häschen in der Wohnung zu haben. Wir alle streichelten den Hasen und versorgten ihn mit Futter, das uns dann am Munde abging. Er bekam in der kleinen Küche die Kiste, die vorher als Kohlenkiste gedient hatte, ausgelegt mit Papier und anderen Unterlagen, und sein Wasserschüsselchen stand auch bereit. Der Hase fühlte sich bei uns wohl.
Es kam der Weihnachtstag, und Opa sollte den Hasen schlachten, doch Opas Liebe zu Tieren ließ so etwas nicht zu, er konnte den Hasen nicht töten. Oma war auch nicht bereit, das liebe Häschen vom Leben in den Tod zu befördern, und Irmgard verzichtete auf einen guten Hasenbraten.
Natürlich bettelte ich um das Leben des Häschens, ich wollte es behalten, zum Liebkosen. So kam das Weihnachtsfest, und wir aßen unsere Kartoffeln ohne Hasenbraten, und der Hase bekam als Weihnachtsgeschenk gekochte Kartoffeln und hüpfte fröhlich in der Wohnung umher.
Das Futter für den Hasen sowie der Hasenurin und der Kot waren auf Dauer nicht tragbar. So entschloss Opa sich schweren Herzens, den Hasen zum Metzger Richard zu bringen, der bei uns gegenüber in der Augustinerstraße seine Metzgerei hatte, jedoch keine Fleisch und Wurstwaren mehr verkaufen konnte. Herr Richard schlachtete den Hasen und übergab uns das fein säuberlich hergerichtete Tier.
Einige Tage hing er bei uns vor dem Fenster im Freien zum Abhängen, und dann, sonntags, gab es den Hasenbraten. Alle saßen um den Tisch herum zum Essen, und Oma hatte den Braten auch sehr gut zubereitet, doch keiner hatte Appetit. Ein liebgewordenes Tier zu essen, das war für uns alle sehr schwer.

DER CHRISTBAUM

Einige Tage vor Weihnachten klopfte es abends spät an unsere Tür, und ein Nachbar teilte uns mit, dass soeben ein Lastwagen mit Tannenbäumen am Leichhof gehalten hätte, der am anderen Morgen Christbäume verkaufen würde. Es sei besser, gleich zum Leichhof zu gehen, am anderen Tag seien sowieso keine mehr zu bekommen.

Irmgard und ich sprangen aus dem gemeinsamen Bett und rannten zum Leichhof. Dort standen schon viele Leute Schlange und bettelten um einen Christbaum.

Die beiden Verkäufer hatten ihre liebe Not, die vielen bittenden Menschen zu bedienen. Irmgard stand in dem Gedränge noch hinten, als der eine Verkäufer laut rief: „Dahinten das hübsche junge Mädchen bekommt einen Christbaum!" Er winkte sie nach vorne, und sie bekam einen Christbaum von dem Mann. Es gab unter den Wartenden ein Gemurre wegen der Bevorzugung, doch wir hatten einen Weihnachtsbaum ergattert.

Ich durfte den Baum schmücken, der auf dem Toilettentisch stand. Wir hatten etwas Baumschmuck, da dieser im Keller gelagert gewesen war.

Unsere Nachbarn hatten für ihre Kinder auch einen Weihnachtsbaum bekommen, doch Christbaumschmuck hatten sie keinen. Wir Kinder malten gemeinsam bunte Bildchen und bastelten Strohsterne, die an den Baum gehängt wurden; dieser Christbaum war ein kleines Kunstwerk.

Wir luden die alleinstehende Kriegerwitwe Frau Schwarz zur Bescherung ein, es gab schwarzen Tee, und wir sangen gemeinsam Weihnachtslieder. Frau Schwarz hatte sogar für mich ein Weihnachtsgeschenk, eine neue Unterhose, es war eine gute Qualität, und ich konnte sie sehr gut gebrauchen.

Wo meine Großeltern die drei Mundharmonikas herbekommen hatten, das weiß ich nicht mehr, jedenfalls wurde auch mir Mundharmonikaspielen beigebracht, obwohl wir noch im Trauerjahr waren. Meine Oma hat es nicht ganz so eng gesehen, sie wollte, dass ich glücklich bin.

Es war nämlich früher bei Trauer üblich, ein ganzes Jahr in Schwarz zu gehen, kein Radio zu hören außer Nachrichten, keine fröhliche Musik zu machen oder lustige Lieder zu singen. Am Mantelärmel trug man einen schwarzen Trauerflor, der selbst nach dem Trauerjahr noch lange getragen wurde.

DIE CHRISTMETTE

Es war bei uns Sitte, dass wir nachts um 24 Uhr in die Christmette gingen. Irmgard und ich wollten in der Himmelgasse bei den Kapuzinermönchen in die Mette.

Das Kapuzinerkloster war wie durch ein Wunder von den Bomben verschont worden, obwohl rundherum alles zerstört war. Wir Altstädter nannten die Kapuzinerkirche „Klösterchen."

Die Mönche schmückten ihre Kirche wunderschön mit zwei großen Christbäumen,

und die schöne Weihnachtskrippe war auch aufgestellt.
Die echten Altstädter, besser als Vilzbächer bekannt, waren gläubige Leute, und so war es für alle selbstverständlich, nachts in die Christmette zu gehen.
In einer Weingegend wie Mainz war es trotz Hungersnot manchmal möglich, bei einem befreundeten Winzer Wein aufzutreiben. So hatten viele Vilzbächer zwar keinen Festbraten, doch Wein zu trinken. Mit diesem göttlichen Himmelstrank besuchten sie das Klösterchen zur Mette. Die Kapelle war übervoll mit Menschen, bis hin zur Kirchentür, es wurde gesungen und gebetet, als einige angetrunkene Amerikaner ankamen, denen der rheinische Wein in den Kopf gestiegen war, sich in die Kirche hineindrängen wollten und lautstark nach Fräuleins riefen. Einige beherzte Vilzbächer wollten die Amis hinausdrängen, doch durch den Alkoholgenuss waren beide Parteien stark.
Die „Sieger" wollten in die vollbesetzte Kapelle, und die „Verlierer" zeigten sich stark und waren in der Überzahl. Es gab eine handfeste Schlägerei. Während ich nicht über die Menge schauen konnte, um zu sehen, was da eigentlich für ein Tumult war und was passierte, schnappte mich Irmgard am Mantelärmel und zog mich durch die vollbesetzte Kirche zu einem Seitenaltar, dort waren wir in Sicherheit.
Pater Wolfram, der die Christmette hielt, war empört über diesen Frevel und schimpfte laut vom Altar herunter, dass es eine Unverschämtheit sei, sich am heiligen Abend zu betrinken und in der Kirche eine Schlägerei anzufangen, sie sollten sich alle schämen.
Einige gläubige Christen waren entsetzt, doch andere lachten über diese Situation, das brachte Pater Wolfram noch mehr in Rage; er war ein strenger Gottesmann und schimpfte lautstark. Da ertönte eine Männerstimme: „Ei, Herr Pater, reesche se sich nitt uff, den Halles mache doch nitt mir, sondern die Amis, awwer die hawwe merr glei aus em Frack geschlaache!"
Die Schlägerei endete draußen auf der Straße mit einem vollen Sieg für die Vilzbächer.

DIE ERSTE FASSENACHT NACH DEM KRIEG

Im Jahr 1946 lebten wir alle ärmlich, doch unser Mainzer Humor und Frohsinn war nicht zerstört, im Gegenteil, alle Mainzer lebten und freuten sich viel intensiver; das ist wohl nach schweren Zeiten ein natürlicher Selbsterhaltungstrieb.
Die Mainzer feierten bei Familien, die noch eine Wohnung besaßen, oder in Kellern.
Als Masken waren der Fantasie keine Grenzen gesetzt, auch mit einfachen Mitteln konnten die Leute fröhlich sein. Viele Narrhallesen nannten deshalb ihre Maske „Fantasie mit Schneegestöber"!
Die Mitglieder der Mainzer Kleppergarde riefen die Kinder aus den Trümmer- und Kellerwohnungen heraus zu einem Rosenmontagsumzug. Natürlich konnte man den Umzug nicht mit dem heutigen vergleichen, doch für uns Kinder und auch die

Fastnacht 1948 in der Forsterstraße.

Erwachsenen war das ein neuer Anfang.
Tage vor Fassenacht kamen wir zusammen und durften Kleppern aus Holz herstellen. Natürlich unter Anleitung erfahrener Gardisten. Die zwei Holzstücke hatten eine Einkerbung und wurden mit Feuer angesengt. Uns wurde gezeigt, wie man die Klepper richtig zwischen den Fingern hält. Das Kleppernlernen machte allen viel Freude, wir saßen in den Trümmern und übten Kleppern, so laut wir nur konnten.
Aus französischen Zeitungen schnitten wir Schnitzel und nähten sie an unsere Mäntel. Wir schnitten und freuten uns, dass wir bei der Kleppergarde mitlaufen durften; auch da bekamen wir Anleitung von erfahrenen Gardemitgliedern. Wer zu klein war, um seine Schnitzel selbst anfertigen zu können, bekam Hilfe.
Eine Gardistin brachte uns ein Klepperlied bei. Leider habe ich die Strophen nicht mehr genau in Erinnerung. Es war die bekannte Melodie der Kleppergarde, nur der Text war verändert, er ging so: „Alle echte Meenzer Buwe, die sinn bei de Kleppergard, die sinn bei de Kleppergard, ob merr aach in de Trümmer wohne, erst recht halle merr unser Fassenacht!" Als wir das *Mainzer Volksbuch* verfassten, suchte ich überall nach diesem Kriegstext, damit er für die Nachwelt erhalten bliebe, leider kannte ihn niemand mehr.
Auch sangen wir:

Sie kriehn uns nitt,
unn sie kriehn uns nitt,
unn sie kriehn uns nitt kaputt,
wir halle unser Fassenacht unn rolle unser Dudd!

Am Rosenmontag zogen wir fröhlich singend und kleppernd durch die Trümmerstadt Mainz, umjubelt von Helaurufen: die Fassenacht lebte!

HERR SCHULMERICH WIRD GEPFLEGT

Der Schreiner Schulmerich war seit Tagen nicht mehr im Hof gesehen worden, auch seine Petroleumlampe sahen die Nachbarn nicht brennen. Mein Großvater klopfte an die Werkstatttür, doch er meldete sich nicht. Die Hintertür dieser Schreinerei war nie verschlossen, und so fand mein Opa den Schreiner krank auf seinem Matratzenlager vor.

An was er erkrankt war, das kann ich nicht mehr genau sagen, wahrscheinlich an einem Zusammenbruch durch Unterernährung und Kälte. Die ganze Hausgemeinschaft war traurig und jeder bot Hilfe an.

Ärzte gab es damals noch keine; die wenigen, die es überhaupt noch gab, waren ausgelastet und nicht zu finden. Da Herr Schulmerich seine Wohnung und Möbel aus Gutmütigkeit mit anderen Leuten geteilt und dadurch alles verloren hatte, lebte er auf einer Matratze in seiner Werkstatt. Ein kleiner Kanonenofen konnte diesen großen Raum im Parterre nicht wärmen. Das Holz aus seiner Schreinerei war schon zum größten Teil verheizt, und zum Kohlenklauen war der fromme Junggeselle nicht fähig.

Mein Großvater entfachte ein Feuer, dazu nahm er unsere Kohlenration, auch die Nachbarn waren sofort bereit, von ihren wenigen Kohlen etwas abzugeben, damit der große Raum wenigstens etwas überschlagen war.

Meine Oma versorgte den Mann mit Essen und Trinken, sie pflegte ihn. Einen heißen Stein bekam er in einem Tuch an die Füße gelegt, eine Wärmeflasche unter den Rücken. Der Tee und die Suppe wurden ihm eingelöffelt.

Die Hausbewohner wechselten sich ab, Tag und Nacht schaute nach Absprache jemand nach ihm. Der alternde Junggeselle, dessen einzige Familie die Kolpingfamilie war, der nur seine Arbeit kannte, sonntags treu zur Kirche ging und bei der Fronleichnahmsprozession den Himmel trug, unter dem der Bischof mit seiner Monstranz ging, dieser brave Mann durfte nicht sterben.

Trotz Hungersnot opferte jeder etwas von seinen Nahrungsmitteln. Selbst Fleisch wurde beschafft und eine kräftige Suppe daraus gekocht. Herr Schulmerich erholte sich langsam, er wurde wieder gesund. Die gesamte Hausgemeinschaft war an dem Erfolg beteiligt. In der Not gab es einen großen Zusammenhalt in der Hausgemeinschaft.

Später zimmerte mir Herr Schulmerich zum Dank ein schönes Wiegenbettchen für meine Stoffpuppen.

DIE GOLDZÄHNE

Nach Kriegsende hatten viele Leute schlechte und ausgefallene Zähne, und es kam die Mode auf, sich bei den Zähnärzten künstliche Zähne aus Gold oder Silber herstellen zu lassen. Die wieder heimgekehrten Zahnärzte forderten statt Geld, was ja damals keinen Wert mehr hatte, Gold- und Silberschmuck für die Herstellung der

Zähne. Hatten die Leute noch Ringe oder anderen Schmuck, so gaben sie ihn als Honorar dem Zahnarzt.
Stolz liefen die Leute mit ihren Gold- und Silberzähnen durch die Stadt. Sie lachten wieder, ohne verlegen die Hand vor den Mund zu halten. Es kam aber sehr oft vor, dass die Goldschicht der Zähne sehr dünn war, und nach einigem Kauen ein Silberzahn oder anderes Material zum Vorschein kam.
Meine Freundin und ich fanden die Gold- und Silberzähne der Erwachsenen sehr schick und wir wollten auch solche Zähne haben. Da ihr Großvater bei den Franzosen arbeitete, hatte er Gelegenheit dort französischen Käse in Goldpapier eingepackt zu „organisieren". Wir reinigten und schnitten das Goldpapier passend für unsere Zähne und klebten es auf die Eckzähne. Stolz schritten wir durch die Augustinerstraße und lächelten allen Bekannten zu, damit unsere Goldzähne gut zur Wirkung kamen.

EINE SCHLIMME KATASTROPHE

Lange hatten wir Mainzer Kinder keinen Schulunterricht gehabt; die Schulen waren zerstört oder baufällig. Doch irgendwann begann der Unterricht wieder. Einmal die Woche musste ich mich in der Feldbergschule einstellen, zu mehr Unterricht langte es nicht, da sich alle Mainzer Mädchen diese Schule teilen mussten. Die Buben hatten in der Eisgrubschule einmal wöchentlich Unterricht.
Ich musste von der Augustinerstraße durch die zerstörten Straßen in die Feldbergschule. Von meiner früheren Schulklasse war niemand dabei. Eine fremde Lehrerin war damit beschäftigt, unsere Namen, Adressen und unser Alter aufzuschreiben. Sie hatte damit zu tun, bis die Schulstunde zu Ende war, danach durften wir wieder heim. Es war auch höchste Zeit, denn wir waren oft eiskalt gefroren.
Eine Woche danach war ich wieder in der Feldbergschule. Diesmal war eine andere Lehrerin da, allerdings auch andere Mädchen. Wieder wurde eine Liste der einzelnen Schulmädchen angefertigt; bis die Formalitäten dann fertig waren, war auch wieder die Schulstunde vorbei.
Ich war nicht allzu lange in dieser Schule, da wurde mir mitgeteilt, ich müsste in die Fürstenbergerhof-Schule, die sei für uns Altstadtkinder näher. Jetzt hatte ich einen kürzeren Weg durch die Trümmerlandschaft. Die Schule war auch von den Bombardierungen, außer ein paar Kleinigkeiten, verschont geblieben, doch meine früheren Schulkameradinnen waren auch hier nicht zu finden.
Wieder wurden Listen der Mädchen angelegt, und wieder war damit die ganze Schulstunde ausgefüllt.
Dann wurde uns Mädchen mitgeteilt, wir bekämen jetzt eine andere Schule zugewiesen, da diese Schule nur für Buben vorgesehen und total überfüllt sei, was auch stimmte; wir waren in einem Raum circa 50-60 Kinder.
Im Winter waren die Schulen kalt, da die Zentralheizungen nicht funktionierten und es keinen Koks zum Heizen gab. Die Schüler wurden gebeten, Briketts zum

Heizen mitzubringen, doch nicht alle Schüler hatten welche. Wir saßen mit Mänteln, Mützen und Handschuhen frierend im Klassenraum.
Wir Mädchen kamen jetzt in die Holztorschule an der Rheinstraße. Die Holztorschule war beim Bombenangriff auf die Rheinstraße noch verhältnismäßig verschont geblieben. Natürlich waren auch hier die Fensterscheiben und die Türen von dem Luftdruck aufgesprengt worden, dieser Schaden wurde jedoch behoben.
Nachdem wieder die Anwesenheitslisten neu angefertigt waren, hatten wir wirklich Unterricht. Jetzt kannte ich auch einige Mädchen aus meiner Gegend. Viel konnten wir damals nicht lernen, da die meisten von uns kein Schreibpapier und keine Bleistifte mehr besaßen. Papier, besonders Schreibpapier, Bleistifte, Tinte, Radiergummi und sonstige Notwendigkeiten gab es noch nicht, es sei denn, man besorgte sich diese Sachen auf dem Schwarzmarkt.
Für einige Zeit hatte ich jetzt festen Schulunterricht, jedoch nicht alle Tage, da sich viele Mädchenklassen diese Schulräume teilen mussten.
Von der Lehrerin wurde uns nach einiger Zeit mitgeteilt, dass wir bald in unsere frühere Neutorschule umsiedeln dürften, die Bombenschäden dort seien behoben.
Fast alle Klassen waren schon in die Neutorschule umgesiedelt, als ich wieder einmal fehlte, weil unsere Familie nichts mehr zu essen hatte, und ich deshalb alleine nach Sulzheim fahren musste, um zu „hamstern."
Ich bekam mit meinen gehamsterten Naturalien einen Stehplatz im vollen Viehwagen. Der Zug hielt auch im Mombacher Bahnhof. Weil die Franzosen oft eine Razzia am Mainzer Hauptbahnhof durchführten, gab es immer Spitzel, die schnell mit dem Fahrrad nach Mombach fuhren und ihre Angehörigen warnten, dann sprangen schnell alle Hamsterer aus dem Zug und transportierten ihr sauer erbetteltes, gehamstertes oder gequanteltes Gut zu Fuß nach Hause. Bei einer Razzia wurde uns Deutschen von den Franzosen alles abgenommen, auch die Taschen, Rucksäkke, Kriegstornister oder Koffer; die Besatzer konnten die erbeuteten Nahrungsmittel selbst gut gebrauchen.
An diesem Tag gab es keine Beschlagnahme, sondern Angehörige riefen laut Namen von Leuten und berichteten, dass in Mainz die Holztorschule eingestürzt sei, es gäbe Tode und Verletzte! Ich horchte auf, Holztorschule, meine Schule? Es war leider die Wahrheit, der mittlere Teil der Schule war eingestürzt, viele Kinder, eine Lehrerin sowie die Rektorin waren tot. Gleich, als ich zu Hause meine wertvolle Fracht abgeliefert hatte, lief ich mit meiner Oma zur Schule.
Es hatte sich, wie damals alles, in Windeseile in Mainz herumgesprochen, was passiert war. Viele Leute standen trauernd und weinend um das abgesperrte Gebäude, wir sahen, wie die Verschütteten geborgen wurden. Ich war still, ich konnte nicht weinen, ich war schon an das Elend und Unglück gewöhnt; auch nach dem Kriegsende riss das Schlimme nicht ab.
Es gab eine große Trauerfeier auf dem Hauptfriedhof. Viele Mainzer nahmen geschockt Abschied. Wer von den Eltern keine eigene Grabstätte besaß, konnte sein Kind in einem gemeinsamen Grab bestatten lassen. Oben an der Friedhofsmauer,

die zur Universität führt, liegt das Ehrengrab. Diese gemeinsame Gedenkstätte der Schulkinder und der zwei Lehrerinnen wird von der Stadt gepflegt.

DIE HAMSTERFAHRTEN

Als die Züge wieder fuhren, war einiges leichter; wir mussten jetzt nicht mehr zu Fuß aufs Land, um zu betteln und quanteln, sondern konnten in weiter entfernte Dörfer fahren, die nicht so überrannt von Bettlern, Hausierern und Quantlern waren. Die erste Zeit gab es nur Güterwagen und Viehwagen, in denen wir fuhren. Die Wagen waren überladen mit Menschen, die alle etwas zum Überleben suchten, stahlen, tauschten oder bettelten. Die ersten Heimkehrer waren jetzt auch mit unterwegs und hatten schwere Tornister voll mit Kartoffeln.
Für meine kurzen Beine waren die Viehwagen zum Einsteigen sehr hoch, es gab aber immer hilfsbereite Männer, die mich hochzogen. Oft waren die Viehwagen so überladen, dass Menschen mit ihrem Gepäck außen am fahrenden Zug hingen.
Als später einige Personenwagen angehängt wurden und genau so überfüllt waren, standen mutige Männer und Buben auf dem zugigen Perron (Plattform).
Wenn ich auf dem Heimweg schweres Gepäck hatte und der Stehplatz im Viehwagen zu eng war, gab es hilfsbereite Menschen, die mich auf ihrem gehamsterten Kartoffelsack sitzen ließen. Beim Aussteigen wurde ich oft von starken Männern heruntergehoben und mein Gepäck mir nachgereicht. Am Mainzer Bahnhof , auf welchem man die Lautsprecher rufen hörte „ici Mayence, ici Mayence," standen Oma oder Irmgard und halfen mir, die gehamsterten Nahrungsmittel nach Hause zu tragen.

Wo meine Großeltern den Eimer graue Ölfarbe und die Zugleine aufgetrieben hatten, das kann ich nicht sagen; sie waren aber bei den Bauern ein gutes Tauschmittel für ein paar Eier oder ein Stück Speck.
Oma und ich stiegen in einen Güterzug ein, der in Richtung Wörrstadt fahren sollte, doch als der Zug schon anfuhr, rief ein Bahnpolizist, dass der Zug umgeleitet werde. Alle Insassen mussten schnell aus dem anfahrenden Zug wieder abspringen. Beim Herunterspringen wurden wir von Nachspringenden gerammt; ich spürte einen Schlag im Rücken, und der Deckel der grauen Farbe sprang auf. Die ganze Farbe übergoss sich auf meinen Rücken, das schöne Kleid, das meine Oma mir aus einem Kleid von meiner Mutter genäht hatte, war versaut.

GEREGELTER SCHULALLTAG

Nachdem wir endlich in die Neutorschule umgesiedelt waren, wurde wieder eine neue Klasse zusammengestellt. Wieder fing die übliche Bürokratie mit Namen, Anschrift und Angaben zur Person an. In meinem Jahrgang gab es drei Klassen mit je 50-55 Schülerinnen. Wir saßen eng zusammengepresst in den Schulbänken. Ich wurde in die Klasse A eingeteilt. In dieser Klasse waren hauptsächlich Kinder von Geschäftsleuten, nur wenige waren aus dem Arbeiterstand. Die Klasse B war der Mittelstand und in der Klasse C waren meistens Kinder aus armen oder Problemfamilien.

Unsere Lehrerin war ein älteres Fräulein K., die jeden Morgen um sechs Uhr zur Frühmesse in den Dom ging. Sie führte ein strenges Regiment in der Klasse. Sie hatte einige Lieblinge unter ihren Schülern, andere bekamen häufig Ohrfeigen und Strafarbeiten.

Schülerinnen, die aus einem Geschäftshaushalt kamen und Lebensmittel oder andere Geschenke mitbringen konnten, waren bei ihr bevorzugt. Es war sogar zu verstehen, auch dieses Fräulein hatte Hunger und brauchte zum täglichen Leben Tauschmittel zum Quanteln.

Ich hatte es nicht immer leicht bei ihr. Ich konnte ihr nichts Brauchbares schenken, und die Brävste war ich sicher auch nicht, manche Ohrfeige bekam ich ab.

In der Religionsstunde bei Fräulein K. bin ich sehr in Ungnade gefallen. Sie fragte uns, wer wüsste, was der Aschermittwoch bedeute. Natürlich wusste ich, dass da die Fassenacht beerdigt wird, deshalb streckte ich meinen Finger hoch zum Melden. Ich war die Einzige, die sich gemeldet hatte, deshalb wurde ich gefragt. Ich sagte voller Stolz: „Da wird die Fassenacht beerdigt!" Fräulein K. machte ein strenges Gesicht, denn sie erwartete natürlich, dass ich gesagt hätte: „Da gibt es in der Kirche das Aschenkreuz, und es fängt die Fastenzeit an". Das hätte ich sogar gewusst, doch als ein Mainzer Kind steckt mir die Fassenacht im Blut. Außerdem war in dieser schlechten Hungerszeit das Fasten ausgesetzt. Fräulein K. war nicht erfreut über mein Wissen und fragte weiter: „Und was wird, deiner Meinung nach, bei der Fassenachtsbeerdigung gemacht?" Stolz erzählte ich, dass ein Fassenachter in einem Sarg liegt und ein anderer Narrhallese den Pfarrer spielt, eine Predigt hält, und mit einem Eimer voll Wasser, das Weihwasser sein soll, die Weinenden bespritzt, dass Messdiener und viele Trauernde dabei sind, und laut weinen, weil die Fassenacht gestorben ist.

Das Ganze hatte mir meine Großmutter erzählt, wie schön es früher gewesen wäre, als es noch echte Fassenacht mit Beerdigungen gab.

Meine Lehrerin war entrüstet, sie bezichtigte mich der Unmoral, sie schrie vor der ganzen Klasse, was ich für ein verkommenes Kind sei, meine Erziehung wäre katastrophal.

Ich war geschockt, ich saß in meiner Schulbank wie ein begossener Pudel. Ich wusste nicht, dass das so schlimm war, eine Fassenacht zu beerdigen. Warum hatten meine Großeltern mir das erzählt?

Fräulein K. berichtigte dann diese Schande vor der Klasse, indem sie erzählte, die Narrhallesen gingen am Aschermittwoch an den Rhein, um ihre Geldbörsen auszuwaschen.
Ich hatte es mir kräftig mit meiner Lehrerin verscherzt, und sie ließ es mich spüren.
In der Schulpause gingen einige Schülerinnen und ich aus dem Schulhof heraus, und wir rutschten neben dem Eisenbahnviadukt die glatten Steine herunter. Als dies unsere Lehrerin erfuhr, bekam ich Prügel, die anderen Kinder aber nicht. Ich erzählte das zu Hause meinem Großvater, und er sagte wörtlich zu mir: „Sage deiner Fräulein, wenn sie dich noch einmal schlägt, dann kommt dein Opa ihr mal auf den Bauch gerutscht, dann war sie die längste Zeit Fräulein gewesen!" Endlich hatte ich von meinem Opa Unterstützung, und die Lehrerin würde mich vielleicht jetzt nicht mehr so oft schlagen, so glaubte ich! Als ich ihr das wörtlich mitteilte, war die Hölle los, ich wurde schimpfend nach Hause gejagt. Ich war mir keiner Schuld bewusst und erzählte es meinen Großeltern. Oma ging daraufhin zur Lehrerin in die Schule!
Als ich später als Ferienkind nach Sulzheim fuhr, änderte sich das Verhältnis zwischen Fräulein K. und mir schlagartig.

DIE SCHULSPEISUNG

Da alle Schüler hungerten, gab es durch die Vermittlung der Amerikaner in der Schulpause eine Speisung. Jeder brachte einen Topf, eine Schüssel oder einen Teller mit sowie einen Esslöffel, und man bekam einen dicken Brei. Da nach dieser Speisung das Essgeschirr schmutzig war, verschmierten wir uns häufig die Schulranzen und die Hefte.
Noch schlimmer war der Geruch und Geschmack von dem Lebertran, der in Literflaschen abgefüllt in dem Schulspind stand und von dem jedes Kind täglich einen Esslöffel in den Mund gestopft bekam. Die öligen Löffel wurden danach in schlechtem Papier eingewickelt in den Schulranzen gesteckt, sodass alle übrigen Schulsachen ölverschmiert waren und nach Tran stanken.
Manche Kinder ekelten sich so sehr vor diesem Geruch, dass sie bald erbrechen mussten und sich weigerten, ihn zu nehmen. Auch ich schluckte den Lebertran nur mit Todesverachtung hinunter. Die Amerikaner hatten es gut mit uns gemeint, da wir fast alle unterernährt waren.
Einige meiner Schulkameradinnen waren durch Unterernährung lungenkrank geworden. Sie mussten monatelang in ein Lungensanatorium; dort bekamen sie gutes Essen und Milch. Mit meiner kindlichen Einstellung beneidete ich diese Schulkameraden, sie brauchten nicht zur Schule und hatten satt zu essen; mir war gar nicht bewusst, wie gefährlich eine Lungenkrankheit sein konnte.

DIE GELBSUCHT

Nach Kriegsende bekamen viele Leute Gelbsucht. Da sie sehr ansteckend war, mussten die Betroffenen zu Hause im Bett bleiben. Auch Irmgard hatte eine Gelbsucht bekommen. Diese Kranken bekamen eine Sonderration an Lebensmittelkarten. Sie bekamen Vollmilch statt der üblichen Magermilch und Zucker sowie eine Fleischzulage.

Es gab sogar vom Gesundheitsamt einen Arzt, der die Hepatitiskranken zu Hause behandelte. Da Irmgard und ich sowieso zusammen in einem Bett schlafen mussten, meinte der Arzt, auch ich könne mich infizieren. Das war mir gerade recht, für eine Sonderration Lebensmittel bekam ich gerne eine Gelbsucht.

Als der Doktor seinen Hausbesuch machte, lag ich elend und kränklich neben Irmgard und behauptete, ich hätte auch die Gelbsucht. Der Arzt durchschaute meine Verstellung, ich bekam keine Zusatzkarten. Alles Bemühen, mir doch noch eine Gelbsucht einzuhandeln, schlugen fehl, ich blieb gesund.

Ein bescheidenes Vergnügen: Näherinnen der Firma Scheuer & Plandt sonnen sich 1947 in der Mittagspause auf den Trümmern des Kaufhauses Tietz (später Kaufhof).

MEINE FERIEN IN SULZHEIM

Der Maurermeister Ohl und seine Frau wollten etwas Gutes tun und ein armes, hungerndes Kind in den Schulferien aufpäppeln. Durch einen Pfarrer wurde ich in diese Familie vermittelt.

Da jetzt wieder Züge fuhren, konnte ich von Mainz bis Wörrstadt fahren, von da aus musste ich den Berg hinunter nach Sulzheim laufen, da es dort keine Bahnstation gibt. Es war ein schöner Weg durch die Felder hinunter in das abgelegene Dorf.

Die Familie Ohl waren sehr freundliche, fromme Leute. Es war ein schönes kleines Bauernhaus, und ich bekam ein kleines Zimmerchen oben unterm Dach.

Zum ersten Mal sah ich Truthähne, diese konnten sehr zornig und angriffslustig werden, wenn man rote Kleidung trug. Eigentlich akzeptierten sie nur Frau Ohl, alle anderen mussten sich vor ihnen in Acht nehmen. Am Sonntag, wenn Frau Ohl ihre guten Kleider für den Kirchgang anhatte, erkannten die Truthähne sie auch nicht und gingen zum Angriff über.

Im Hof gab es einen Hasenstall, und ich durfte die Hasen füttern. Hühner liefen auch herum, und ich bewunderte besonders den schönen bunten Hahn.

Das Ehepaar hatte auch zwei Töchter, die allerdings schon erwachsen waren und nur abends heimkamen. Es gab gutes Essen, mit Suppe, Fleisch, Gemüse und Kartoffeln. Jeden Tag wurde lange gebetet, auch „Der Engel des Herrn".

Für den jungen verschollenen Sohn wurde oft gebetet und die Ohls gaben die Hoffnung nicht auf, dass der Vermisste vielleicht doch noch am Leben wäre.

In Sulzheim ging ein Gerücht herum, dass es in Mainz einen Wahrsager gäbe, welcher hell sehen könne. Sein größter Erfolg soll gewesen sein, dass er einer Rat suchenden Ehefrau gesagt hätte: „Gehen Sie nach Hause, Ihr Mann steht vor der Tür und wartet auf Sie!" Tatsächlich soll der aus der Kriegsgefangenschaft heimgekehrte Ehemann vor der Tür gestanden haben. Ob das der Wahrheit entsprach oder ein Reklametrick des Hellsehers war, kann ich nicht beurteilen, meine Großmutter zweifelte an den Aussagen.

Wahrsagerei und Kartenlegen waren früher verpönt, doch in der Nachkriegszeit blühte auch dieses Geschäft; als Bezahlung mussten die Ratsuchenden Naturalien mitbringen.

Sulzheim war ein katholischer Ort, es gab dort keinen einzigen Protestanten.

Jeder hatte vor dem strengen alten Pfarrer Respekt und Ehrfurcht, doch packten einige Frauen heimlich ihre Taschen voll mit Schinken, Wurst, Eiern oder Butter und machten sich auf den langen Weg nach Mainz um beim Wahrsager zu erfragen, was mit ihren Männern oder Söhnen geschehen ist, und ob sie noch Hoffnung haben könnten, eines Tages ihre Liebsten als Kriegsheimkehrer wieder zu sehen. Natürlich verliefen diese Reisen streng vertraulich und geheim, man besuchte in Mainz Freunde oder ging zum Arzt. Da die Frauen glaubten, dass sie sich mit der Wahrsagerei versündigt hätten, gingen sie auch gleich in Mainz zu den Kapuzinern beichten, denn der Dorfpfarrer durfte solche Missetaten nicht wissen. Noch Jahre

danach hat meine Großmutter sich darüber amüsiert, sie glaubte nicht an die Wahrsagerei.
Sonntags gingen wir gemeinsam in die kleine Dorfkirche. Die Kinder hatten kleine Kniebänkchen am Altar. Die Buben saßen rechts, die Mädchen links.
Während wir in Mainz sonntags in der Kirche heimlich Bildchen tauschten oder leise flüsterten, waren diese Kinder musterhaft brav. Mittags gingen wir Kinder in die Christenlehre. Alle Kinder kannten sich untereinander, doch mich Städterin schauten sie fremd an, ich hatte keine Freundin.
Frau Ohl merkte wohl, dass ich keine Spielkameraden in Sulzheim hatte, deshalb brachte sie mich in die Bachgasse zu einer Familie Sauer. Sie hatten sechs Kinder, Hans, den ältesten, der schon in der Landwirtschaft half, Katharina, die im Haus der Mutter zur Hand ging, Franz, Alfons, Magda und Maria-Luise, das zarte jüngste Kind. Die Familie nahm mich herzlich auf, ich verstand mich gleich gut mit den Sauer-Kindern. Ich durfte jetzt bei dieser Familie in den Ferien und am Wochenende wohnen.
Es war ein richtiger kleiner Bauernhof mit allen Sorten Tieren. Bei ihnen sah ich das erste Mal bunte Enten, ich war erstaunt, welch schöne, schillernde Farben sie hatten. Es gab auch Gänse, Schweine, Hasen, Kühe und einen Ochsen. Zum Glück hatten sie keine wütenden Truthähne, dafür war der Gansert wachsam und angriffslustig.
Frau Sauer zeigte mir, wie ich mit ihm fertig werden konnte, ich musste nur ganz energisch auf ihn zugehen und ihm die Courage abkaufen; das hatte ich bald gelernt und hatte keine Angst mehr vor ihm.
Es war ein schönes Leben in dieser Großfamilie, dort gab es eine Freiheit, wie ich sie noch gar nicht kannte. Mit Magda war ich am meisten zusammen, wir beide verbrachten wunderbare Tage mit Spielen und Streichen.
Wir Mädchen hatten das vordere Zimmer, und die Buben das Zimmer dahinter. Am Abend, wenn wir schlafen gingen, entstand oft noch eine rege Kissenschlacht.
Die Familie Sauer war eigentlich eine Selbstversorgerfamilie, sie hatten alles,

Die Freundschaft hielt auch nach dem Krieg: Magda Sauer und Eleonore Ermisch 1949 in Mainz

was man zum Leben brauchte. Morgens in der Frühe wurden vier Kühe gemolken; die überschüssige Milch wurde abgeholt. Für die eigene Familie war genug Milch übrig. Aus der Milch wurde ein guter Weichkäse gemacht, der zum Reifen auf dem Küchenschrank lag und von Zeit zu Zeit gedreht wurde. Von der abgestandenen Milch wurde der Rahm abgeschöpft und aufgehoben, davon wurde mit einer Butterschleuder (die Leier genannt wurde) Butter gedreht. Magda und ich drehten oft die Schleuder, bis sie sich nicht mehr drehen ließ, dann war die Butter fertig.
Wir spielten viel in der Scheuer im Stroh, wir sprangen, schlugen Purzelbäume, bewarfen uns mit Stroh und versteckten uns.
Eines Tages hatte die Katze fünf Junge bekommen. Es war für mich schön, zu sehen, wie die Kätzchen heranwuchsen. Ich wollte ein Kätzchen haben, und Frau Sauer schenkte sie mir alle fünf. Als sie alt genug waren, um von der Mutter genommen zu werden, nahm ich vier in meinem Schulranzen mit nach Mainz. Meine Großmutter war nicht begeistert, vier junge Katzen zu haben, doch eine durfte ich behalten, die anderen wurden in der Nachbarschaft verteilt.
Gerne waren Magda und ich in die Gemeindeweide gelaufen, dort entsprang ein kleiner Bach mit sauberem Wasser. Wir plantschten stundenlang im Wasser herum, fingen Frösche und Kaulquappen, pflückten frische Pfefferminze, die wir mit nach Hause brachten und an das Scheuertor zum Trocknen hängten.
Herr Sauer war Gärtner und hatte eine schöne Gärtnerei mit einem Treibhaus, auch da waren wir oft, und ich begoss gerne die schönen Pflanzen.
Nahe bei der Gärtnerei war der Friedhof, und die Buben im Dorf wollten wissen, ob ich Angst vor Geistern hätte, sie behaupteten, auf dem Friedhof seien abends Geister. Ich wusste, dass es auf einem Friedhof keine Geister gibt, und stellte mich der Mutprobe der Sulzheimer Buben. Als es dunkel wurde, liefen wir Mädchen zum Friedhof. In einiger Entfernung blieben die Mädchen stehen; sie hatten ein ungutes Gefühl, es könnte ja vielleicht doch Geister geben. Magda wollte nicht mit, und so ging ich mutig alleine.
Ich ahnte schon, dass die Buben etwas vorbereitet hatten, schließlich war ich ein Trümmerkind, und wir hatten ähnliche Spiele in den verlassenen, ausgegrabenen Kellern in Mainz gemacht. Ich marschierte in den Friedhofseingang und hörte ein „Huuuuh" hinter einem Grabstein. Ich sprang auf die weiße Gestalt zu und entriss Alfons das Betttuch, das er über sich gehängt hatte. Es gab ein Geschrei und Gejaule und wir hatten alle unseren Spaß. Jetzt war ich anerkannt, ich hatte keine Probleme mit den Dorfkindern mehr.
Herr Sauer erfuhr, dass wir heimlich auf dem Friedhof die Totenruhe gestört hatten, und wir bekamen von den Eltern eine strenge Moralpredigt gehalten; das war aber das einzige Mal, dass sie mit uns schimpften; wir versprachen, so einen Frevel nicht mehr zu machen.
Am liebsten fuhr ich mit ins Feld, das war immer eine große Freude. Hans schirrte die beiden Kühe oder auch den Ochsen an, und wir fuhren mit dem Wagen gemächlich los. Für mich Stadtkind war das wunderbar, so etwas gab es in Mainz

nicht. Wenn wir an dem Acker ankamen, halfen wir beim Kartoffelnausgraben. Hans stach mit der Gabel die Kartoffeln aus den Furchen, und wir Kinder rafften sie getrennt nach Größe in Körbe.
In der Erntezeit halfen wir Kinder auch, die Garben zusammenzubinden. Meistens machten wir aber Unsinn. Es gab damals große Heuhaufen auf den Feldern. Das getrocknete Heu kam auf dreibeinige Holzpfähle und blieb dort bis zum Winter, als Futter für die Tiere. Magda und ich gruben in die Heuhaufen Löcher und versteckten uns darin.
Abends waren wir vom Herumtoben müde und hatten einen guten Appetit.
Die Hausmannskost auf dem Lande schmeckte mir vorzüglich, es wurde alles gegessen, was auf den Tisch kam.
Samstags gab es bei Familie Sauer mein Lieblingsgericht, die „Sauer Brieh." Das waren säuerlich gekochte Kartoffeln mit Gewürzen, und dazu gab es hausgeschlachtete, an der Luft getrocknete Blut-oder Leberwürste.
In Wörrstadt hatte ein kleines Schwimmbad eröffnet, Frau Sauer gab uns allen Geld, und wir liefen den Berg hoch dorthin. Ich erzählte unterwegs, dass ich schwimmen könne, das glaubte mir die anderen nicht. Was haben die Augen gemacht, dass ich im tiefen Wasser schwamm, ohne unterzugehen.
Später hat Magda auch mit mir nach Mainz fahren dürfen, wir schliefen in unserer engen Kriegswohnung. Was hat Magda gestaunt, als sie den majestätisch großen Rhein gesehen hat, in dem ich das Schwimmen erlernt hatte.
Die Sauers hatten auch einige Weinberge und kelterten ihren eigenen Wein. Im Herbst war die gesamte Familie im Wingert zur Lese. Ich war natürlich auch mit dabei, es war herrlich. Wir Kinder hatten unseren eigenen Eimer und schnitten die Trauben von den Weinstöcken. Wir waren ehrgeizig, jeder wollte zuerst seinen Eimer voll haben, um ihn bei Hans in die Butte zu schütten, wir nannten den Hans „Butterich." Katharina sah die Weinstöcke nach, dass wir in unserem Übereifer keine Trauben vergessen hatten. Abends wurde gekeltert. Der frische Most lief in einen Holzzuber. Wir tranken zu viel von dem guten Most, am anderen Tag hatten wir Durchfall.
Wenn der Most in den Fässern zu gären anfing, durfte niemand mehr in den Keller, das war lebensgefährlich wegen der Gase, die während der Gärzeit entstehen. Die Kellertür blieb offen, und zwei Stöcke standen gekreuzt davor, damit niemand hinunter geht. Uns Kindern wurde erklärt, wieso es jetzt im Keller so gefährlich war.
Die Familie Sauer hatte auch einen Garten, welcher der Oma gehörte und von allen gepflegt wurde. Es wurden dort Bohnen und anderes Gemüse gezogen. Wenn Stangenbohnen geerntet wurden, war es besser, nicht zu nahe an die Bohnen zu gehen, wegen der Bohnenläuse, die konnten ganz schön am Körper jucken.
Ich kann mich nicht erinnern, dass jemals Spritzbrühe oder Gift in der Landwirtschaft benutzt wurde. Gedüngt hat man mit Puddel (Jauche) und Mist.
Müll hat es damals nicht in Sulzheim gegeben; alles wurde verbrannt oder zum

Kompostieren auf den Mist geworfen. Die Hühner liefen gerne auf den Misthaufen, dort gab es Salat- und Gemüseabfälle.
Mittags nach dem Essen wurde das Schweinefutter gekocht, das bestand aus kleinen Kartoffeln, Kartoffelschalen, Gemüseabfall, Mais, Essensresten und Rüben. Das alles wurde mit dem Spülwasser zusammen gekocht. Das Abwaschwasser war rein, es hatte keine chemische Zusätze, Spülmittel kannte man damals noch nicht.
Im Kuhstall hatte ich eine Lieblingskuh, die Scheck. Gerne streichelte und striegelte ich sie. Oben im Stall waren Nester mit Schwalben, das alles war für mich jeden Tag ein Erlebnis, zu sehen, wie die Tiere und Vögel lebten. Frau Sauer war eine herzensgute, geduldige Frau, sie erklärte mir alles, was ich nicht wusste.
Im Frühjahr bekamen die Sauers junge Enten- und Gänseküken, das war herrlich, diese kleinen gelben Vögelchen im Hof herumlaufen zu sehen.
Magda und ich suchten in den Weinbergen zwischen den Rebstöcken frisches Gänsekraut, um damit die Küken zu füttern. Frau Sauer pflückte mit bloßen Händen junge Brennnesseln für die Kleinen; die Handflächen dieser fleißigen Frau waren voller Schwielen, sodass sie das Brennen der Nesseln nicht spürte.
Im Sommer gab es auf den Kartoffelfeldern Kartoffelkäfer. Wenn man diese Schädlinge nicht einsammelte, dann fraßen sie die Blätter, und die Kartoffelernte war gefährdet. Wir nahmen Flaschen und suchten die einzelnen Kartoffelbüsche nach Käfern und Raupen ab und füllten sie in die Gefäße, dann wurden sie vernichtet.
Nach dem Kriegsende bauten die Bauern auch Mohn an, für Speiseöl. Die getrockneten Mohnkapseln schnitt man ab, und wir Kinder saßen an einer großen Zinkbütte und entfernten oben die Kapselkrone, der Mohnsamen kam in die Zinkwanne. Wir aßen den Mohn, eine Hand voll, so wie er war. Frau Sauer warnte uns, wir sollten nicht so viel davon essen, wir würden sonst schläfrig werden. Nie habe ich Müdigkeit oder andere Beschwerden davon bekommen.
Für uns Kinder waren diese Tätigkeiten keine Arbeit, wir haben das alles sehr gerne und spielerisch getan und dabei viel Freude gehabt.
Magda und ich besuchten gerne Familie Ohl, doch mit sechs fröhlichen Kindern zusammen zu leben war für mich noch aufregender.
Wenn ich zurück nach Mainz fuhr, hat mir Frau Sauer Eier und sonstige Naturalien mitgegeben, für meine Familie. Ich war stolz, etwas Essbares nach Hause zu bringen und somit einen Beitrag zum Unterhalt der Familie leisten zu können.
Nie habe ich das Ehepaar Sauer unfreundlich oder im Streit erlebt; es waren ruhige, ausgeglichene Leute, die trotz der vielen Arbeit ein harmonisches Familienleben führten.
Heute frage ich mich, wie diese Frau das alles körperlich leisten konnte. Nach dem Kühemelken gab es für neun Personen Frühstück, danach bekamen alle Tiere ihr Futter, und die Ställe wurden gereinigt. Zum Mittagessen gab es Versorgung aus dem eigenen Garten oder Feld. Das Haus war immer sauber, es gab keine Waschmaschine und keinen Kühlschrank; auch die Großeltern wurden versorgt und unterstützt. Samstags gab es einen guten Kuchen, und die Straße vor dem eigenen

Grundstück musste auch gekehrt werden. Trotz allem haben diese guten Menschen noch ein Kriegskind in den Ferien und zum Wochenende aufgenommen. Hoffentlich bekommen sie das alles im Himmel gelohnt!

DIE BESTECHUNG

Meine Lehrerin wollte wissen, warum ich samstags öfter die letzte Schulstunde schwänzte. Ich erzählte ihr die Wahrheit, und als sie das Wort Sulzheim hörte, fragte sie mich, bei wem sie da etwas zu essen bekommen könnte. Ich nannte die Namen Ohl und Sauer. Bei dem Namen Ohl fragte sie, ob das der Maurermeister wäre. Als ich das bestätigte, strahlten ihre Augen. Sie war nach der Bombardierung von Mainz nach Sulzheim ausgesiedelt worden, zu dieser Familie, sie hatte mit ihrer Schwester in der Dachstube gewohnt, in welcher ich später schlief.
Sie ließ herzliche Grüße ausrichten und bat mich, ihr doch auch etwas zu essen mitzubringen, sie und ihre Schwester litten großen Hunger. Ich versprach ihr das und erzählte das alles der Familie Ohl in Sulzheim. Frau Ohl gab mir für meine Lehrerin eine Hausmacherwurst und einige Eier mit. Jetzt war auch ich gut angesehen bei meiner Lehrerin, sie nahm mich heimlich zur Seite und sagte mir, dass ich, so oft ich wollte, früher aus dem Unterricht gehen dürfe, um Essen zu holen. Ich habe nie mehr von Fräulein K. eine Ohrfeige bekommen.

Zu den ersten Vergnügen der Nachkriegszeit gehörte 1946 diese Trabershow auf dem Brand; im Hintergrund die zerstörte Hauptpost.

GASSEKRACH GEGEN DIE FRANZOSEBANKERT

In Mainz war es früher ein beliebtes Spiel und eine alte Tradition, „Gassekrach" zu organisieren. Die Buben und Mädchen verabredeten sich zum Gassenkrach. Die Verabredung konnte einen Tag vorher abgesprochen werden oder auch für die andere Straße überraschend stattfinden.

Alle Kinder und Jugendlichen einer Gasse taten sich zusammen, um gemeinsam gegen eine andere Straße zu kämpfen. Je stärker die Mannschaft war, desto besser. Man zog gemeinsam mit Stöcken und Steinen lautstark in die feindliche Gasse. Wenn der Überfall plötzlich kam, war man im Vorteil. Hatte aber eine Verabredung stattgefunden, konnte es passieren, dass die Gegenseite auch gut gerüstet war und man selbst die Knibbel (Hiebe) bezog. Der Schlachtruf dabei war: „Uffse!" (auf sie!).

In der Nachkriegszeit hatten wir genug Wurfmaterial von den Trümmern. Auch Rückzug und Versteck oder Überfall waren durch die vielen Ruinen bestens gesichert.

Meistens blieb der Gassenkrach bei lautem Gegröhle, doch manchmal floss auch Blut, weil jemand einen Stein abbekommen hatte. Die schwächere Gasse zog sich dann in die Trümmer zurück, und die Stärkeren jubelten als Sieger.

Ich kann mich erinnern, dass wir Kinder aus allen Straßen der Altstadt uns zusammentaten und einen Gassenkrach gegen die „Franzosenbankert" organisierten.

Als die Franzosen ihre Familien nachkommen ließen, wurde die Zitadelle für die Kinder als Schule eingerichtet. Die französischen Kinder trugen eine braune Schuluniform mit Baskenmützen auf dem Kopf. So etwas war uns Deutschen fremd. Wir hatten sowieso „Roges" (Zorn) auf die Franzosenbankert, weil die mit uns keinerlei Kontakt wollten, stolz an uns vorbei gingen und uns keines Blickes würdigten. Dazu kam noch, sie waren die Sieger und hatten zu essen, wir waren die Verlierer und hatten Hunger. Bei dem Gassenkrach eine Baskenmütze zu erobern, als Trophäe, das war natürlich etwas ganz Besonderes!

Alle Altstadtkinder verabredeten sich nach der Schule, mit Stöcken und Knüppeln an die Zitadelle zu gehen und die Bankert überraschend zu empfangen.

(Bankert oder Bonkert ist in Mainz nicht unbedingt ein Schimpfwort, alle Kinder wurden damals Bankert genannt.)

Rund um die Zitadelle herum gab es einen dichten Bewuchs von verwilderten Grünpflanzen, der uns sehr zu Nutzen kam. Wir versteckten uns im Gebüsch und überfielen die ahnungslosen Franzosenschüler. Wir waren natürlich in der Übermacht, und bei der einseitigen Schlacht waren wir die Sieger.

Die Franzosen hatten für einen Mainzer Gassenkrach kein Verständnis, und so wurden sie von Militärbesatzern und ihren Eltern abgeholt.

Wir waren enttäuscht über so ein unrühmliches Ende, die Franzosenbankert waren keine gleichwertigen Gegner für uns, es waren Hoseschisser, Feiglinge und Hannebambel.

DIE HEBUNG DER SCHIFFSWRACKS

Die Bomben verschonten auch nicht die Schiffe im Rhein, auch sie wurden getroffen und versanken in den Fluten. Nach Kriegsende mussten sie wieder gehoben werden. Holländische Bergungsschiffe waren dafür im Einsatz.

Eine holländische Familie hatte ein kleines Kind an Bord, welches auf ihrem Schiff alleine war, und die Eltern suchten deshalb eine Spielgefährtin, dafür durfte das Kind bei ihnen auf dem Schiff mit zu Mittag essen. Durch die Mutter der Freundin von Irmgard wurde ich zu Henny Bols auf das holländische Schiff vermittelt. Henny stand noch im Laufstall und freute sich, mich zu sehen. Das Ehepaar Bols war sehr freundlich, und die Holländerin kochte sehr gutes Essen.

Ein großes Schiff auf dem Rhein, das war für mich sehr interessant; ich liebte schon immer das Wasser.

Das Geschwisterschiff hatte einen großen Hebekran, und auf beiden Schiffen gab es Taucher mit festen, schwarzen Gummianzügen. Sie tauchten abwechselnd nach unten zu den gesunkenen Schiffswracks und klopften Bolzen in die Einschusslöcher. Es dauerte mehrere Tage, bis die Vorbereitungen zum Heben abgeschlossen waren.

Dann kam der Tag, an dem das Wrack langsam gehoben wurde. Mehrere Pumpen liefen unentwegt; sie spien dicke Wasserstrahlen aus dem hochkommenden Schiff. Vorher waren dicke Stahltrossen unter dem Rumpf durchgezogen worden. Sie waren am Kran befestigt und wurden nun immer straffer. Mehrere Männer hatten bestimmte Aufgaben zu erfüllen. Es knackte und krachte, und langsam sah man das Steuerhaus emporkommen.

Wenn das Schiff fest an den Haken hing, liefen alle Pumpen auf Hochtouren, bis das Schiffswrack richtig abgedichtet und ausgepumpt war.

Im Innenraum der Schiffe war sehr viel Schlamm, auch er wurde ausgepumpt. Viele Fische waren im Rumpf, die zappelten und schnappten nach Luft. Auch dicke Aale krochen wie Schlangen herum und versuchten sich zu verbergen und wieder ins Wasser zu kommen.

Die Fische und Aale teilte sich die Mannschaft. Herr Bols schenkte mir frische Fische, die er für mich tötete, für meine Familie, das war eine gute Ergänzung für unsere bescheidenen Mahlzeiten.

An einem Abend bekam ich einen schönen, großen Aal geschenkt. Herr Bols hatte ihm mehrmals mit einem Holzstück auf den Kopf geschlagen, und ich trug das leblose Tier in einem Leinensack nach Hause.

Meine Oma war erfreut, so einen fetten Aal als Abendessen auf den Tisch zu bringen. Sie stellte die Eisenpfanne auf den heißen Ofen und wollte den Aal in die Pfanne legen, als dieser sich plötzlich bewegte und wand wie eine Schlange, mit einem Satz aus der heißen Bratpfanne sprang und in Windeseile durch die kleine Wohnung kroch. Meine Oma wollte ihn schnell einfangen, doch der Aal glitt ihr aus den Händen. Ihr mehrmaliger Versuch, den Aal zu fangen, endete damit, dass er in die Spalte im Fußboden, welche durch die Sprengbombe entstanden war und

die Böden von der Außenmauer trennte, hindurch kroch. Der Aal fiel platschend unten bei unserer Nachbarin Frau Schwarz in die Wohnung.
Mein Opa wollte sofort zu Frau Schwarz eilen, als wir diese schon, im besten Meenzer Dialekt schreien hörten: „Hilfe, e Schlong, e riesegroß Schlong, Hilfe!" Mein Großvater konnte wegen seines Asthmas nicht so schnell rennen, doch als er endlich bei ihr war, öffnete sie nicht die Tür, sie schrie laut weiter: „Hilfe, e Natter, e riesegroß Klapperschlong, e Kobra, so e Sauvieh iss in moiner Kisch!" Opa beruhigte sie durch die Tür, Frau Schwarz musste erst geschockt vom Küchenstuhl heruntersteigen, bevor sie öffnen konnte.
Das Missverständnis wurde aufgeklärt und Frau Schwarz zum Aalessen eingeladen, doch trotz Hunger lehnte sie dieses Angebot dankend ab.
Die ganze Hausgemeinschaft amüsierte sich über diesen Vorfall, und wir aßen mit Verspätung unseren guten Rheinaal.
Das Ehepaar Bols musste mit seinem Schiff nach Holland fahren, um neues Material zu holen, denn es warteten noch mehrere gesunkene Schiffe auf Bergung. Sie luden mich ein, mit ihnen nach Rotterdam zu fahren, damit Henny unterwegs Gesellschaft hätte. Ich war überglücklich und konnte vor Freude nachts nicht mehr schlafen. Meine Großeltern gaben auch die Erlaubnis dazu, sie gönnten mir diese schöne Rheinreise. Eine Formalität dafür brauchte man damals auf einem holländischen Schiff nicht, es gab für diese Schiffe keine Kontrolle, und es gab auch keine Wasserschutzpolizei.
Es waren noch einige Tage Zeit, und Oma legte meine wenige Habe zurecht, doch das Schicksal entschied anders!

DER GEPLATZTE BLINDDARM

Ende März 1946 kam der erste Zirkus nach Mainz, es war eine Sensation. Alles strömte zum Halleplatz, der jetzt wieder seinen alten Namen bekommen hatte. Während der Nazizeit hieß er Adolf-Hitler-Platz. Auch meine Oma und ich wollten in den Zirkus. Da es mir nicht sehr gut ging und ich müde war, meinte meine Großmutter, es wäre besser, vorher einen Spaziergang an den Rhein zu unternehmen und danach die Vorstellung zu besuchen.
Am Winterhafen plagten mich plötzlich schwere Bauchschmerzen, ich fühlte mich schlecht. Oma meinte, ich solle einmal das Gebüsch aufsuchen und probieren, Stuhlgang zu lassen.
Wo heute das Ibis-Hotel steht, waren damals ungepflegte Wiesen und verwilderte Hecken. Ich konnte vor Schmerzen kaum noch laufen und schleppte mich in die Hecken. Ich konnte etwas Stuhlgang loswerden, doch er war mit Eiter versetzt. Statt zum Zirkus zu gehen, nahm mich Oma am Arm und führte mich heim.
Zu Hause im Bett konnte ich vor Schmerzen kaum noch liegen. Es gab keinen Arzt, den man hätte zu Rate ziehen können. Drei Tage lag ich so mit unvorstellbaren

Schmerzen, ich stöhnte laut, sodass man es im gesamten Haus hörte. Die ganze Hausgemeinschaft versuchte, einen Arzt ausfindig zu machen, doch es gab keinen. Endlich am dritten Tag, nachdem ich schon zeitweise bewusstlos war, machte jemand einen Zahnarzt am Rosengarten ausfindig. Der Arzt durfte auch nicht mehr praktizieren, da er Parteimitglied gewesen war, trotzdem war er bereit zu kommen. Er meinte, es müsse eine Blinddarmentzündung sein, war sich jedoch als Zahnarzt nicht sicher. Es gab kaum Krankenwagen in Mainz, und die wenigen, die es gab, waren nicht zu bekommen, da es noch immer verwundete Heimkehrer und Kriegsverletzte gab, wenige Ärzte, und die Krankenhäuser waren alle überfüllt. Trotzdem schaffte es dieser Mann, dass auch ein Sammelwagen zu mir kam und mich abholte.
Ich kam noch einmal zu Bewusstsein, als ich im Arm meiner Oma lag und sie auf dem Boden eines Autos saß. Neben mir lagen noch Menschen, das habe ich mitbekommen. Oma sprach tröstend auf mich ein, ich verlor jedoch wieder die Besinnung.
Der Chefchirurg Professor Brand war wieder im Dienst und operierte mich sofort. Ich hatte einen durchgebrochenen Blinddarm und eine Bauchfellentzündung. Damals gab es überhaupt keine Medikamente, keinen Tropf, keine Schmerz- und Aufbaumittel, nichts gab es. Das wenige, was durch die Amerikaner gespendet wurde, war für die Franzosen und Schwerverwundete bestimmt.
Professor Brand sagte meiner Großmutter, dass ich wahrscheinlich die Nacht nicht überleben würde. Das muss für meine arme Oma sehr schlimm gewesen sein. Zuerst verlor sie ihr gesamtes Hab und Gut, dann die geliebte Tochter, und jetzt sollte auch noch das einzige Enkelkind sterben.
Ich lag in einem kleinen, abgedunkelten Zimmer. Die ersten zwei Wochen bekam ich überhaupt nichts von meiner Krankheit mit. Nach zwei Wochen fing ich an, etwas um mich herum wahr zu nehmen; ich hatte Schmerzen.
Hinter mir muss ein Kind gelegen haben, das verbrannt war und starke Schmerzen hatte, es stöhnte und jammerte fürchterlich. Ob das Kind verlegt wurde oder gestorben ist, das weiß ich nicht; es war plötzlich nicht mehr da.
Ich litt unter großem Durst. Mir wurden von einer Schwester die Lippen mit Pfefferminztee befeuchtet, aber trinken durfte ich ihn nicht.
Um mich herum roch es bestialisch, besonders wenn meine Bauchwunde gesäubert wurde. Ich hatte einen roten Gummischlauch über der Operationswunde im Bauch stecken, der mit einer schwarzen Sicherheitsnadel am Hineinrutschen gehindert wurde. Im Gummischlauch floss der Eiter aus meinem Bauch.
Der Chirurg, Professor Brand, meinte, ich hätte ein besonders zähes Leben, einen starken Willen und viel Energie.
Da ich doch unbedingt mit Familie Bols nach Holland wollte, fragte ich meine Oma, welchen Tag wir hätten, ich wolle sofort aus dem Krankenhaus heraus. Oma benutzte eine Notlüge und sagte, das Schiff würde erst eine Woche später abfahren, die Bergung hätte sich verzögert. Ich merkte selbst, dass ich sehr elend war, und so

war mir die Verzögerung recht. Auch Professor Brand unterstützte meine Oma mit dieser Ausrede, er sagte ihr, dass ich so einen starken Wunsch hätte, unbedingt mit dem Schiff nach Holland zu kommen, das würde meine Energie und meinen Lebenswillen stärken und zur Gesundheit beitragen.
Ich wollte schnell gesund werden, bevor das Schiff abfuhr, und Oma erfand jedesmal neue Ausreden, warum das Schiff noch da wäre. In Wirklichkeit war das Schiff schon längst abgefahren. Dieser eiserne Wille, schnell gesund zu werden, um einmal im Leben mit einem großen Schiff in ein anderes Land fahren zu dürfen, hat mir geholfen zu überleben.
Nach einiger Zeit wurde ich in einen großen Raum mit vielen Kindern verlegt.
Insgesamt lag ich 16 Wochen im Städtischen Krankenhaus. Mein Leben habe ich Professor Brand zu verdanken und der Fürsorge meiner lieben Oma.
Ich begriff allmählich, dass das Schiff mit Henny nicht mehr in Mainz sein konnte, die Zeit war zu lange, doch die Hoffnung einmal auf einem Schiff nach Holland fahren zu können, gab ich nicht auf.

Die Behelfsbrücke 1946; im Hintergrund das Kaisertor

DIE BEHELFSBRÜCKE – EINE VERBINDUNG ZUR AMERIKANISCHEN ZONE

Die Amerikaner bauten bald nach Kriegsende eine provisorische Brücke aus dicken Holzpfählen am Kaisertor. Somit hatten einige Leute die Gelegenheit, in die amerikanische Zone auf der anderen Seite von Mainz zu kommen, nach Kastel, Kostheim und noch weiter. Mein Großvater wurde wieder beim Wasserbauamt in Kostheim beschäftigt und bekam einen Passierschein, damit er von der französischen Zone in die amerikanische Zone gelangen konnte. Da es damals noch keine Passfotos gab, stand nur sein Name auf dem Passierschein.

Wir hatten Verwandte in Amerika, und diese Tante Leni schickte Pakete nach Kastel zu ihrer Schwester, die auch die beiden Waisenkinder von ihrer Halbschwester Gertrud aufzog.

Für uns wurde manchmal auch etwas mitgeschickt, doch war es schwer, auf die Kasteler Seite zu kommen, wenn man keinen Passierschein besaß.

Da mein Großvater aus Alters- und Gesundheitsgründen nur noch Nachtwache bei den Lagern des Wasserbauamts machen konnte, war er tagsüber zu Hause, und der Passierschein war frei für Oma. Der Vorname meines Großvaters war Simon, und die französischen Wachposten glaubten, es handele sich um eine Simone, so durfte meine Großmutter passieren. Ich als Kind brauchte keinen Passierschein, doch wurden auch die Kinder überprüft. Hauptsächlich suchten sie geschmuggelten Kaffee, Schokolade, Alkohol und Zigaretten.

Aus Amerika wurden Pakete mit Linsen, Erbsen und Zucker geschickt. Vorne im Paket war ein kleines Fensterchen aus Cellophanpapier, durch das man die Hülsenfrüchte sehen konnte. Tante Leni versteckte jedoch in jedem Hülsenfrüchtepäckchen eine Schachtel Zigaretten, mit denen man gute Tauschmöglichkeiten hatte.

Es war aber sehr schwierig, die Ware in die französische Zone zu schmuggeln, da das französische Militär alles beschlagnahmte und für sich selbst behielt. Eine strenge Kontrolle und Visitation waren an der Tagesordnung. Wir waren auch der Laune der jeweiligen Wachposten ausgeliefert. Manche durchsuchten nur die Erwachsenen, andere kontrollierten auch die Kinder streng. Wurden sie fündig, konnte es passieren, dass man sogar für einige Tage eingesperrt wurde.

Trotzdem fand meine Großmutter Möglichkeiten, amerikanische Tauschmittel an den Wachen vorbeizuschmuggeln. Ich kann mich noch gut daran erinnern, wie vor uns eine Mutter mit ihrem kleinen Bub durchsucht wurde. Der Junge hatte einen Teddybären dabei, und die Franzosen fühlten den Bauch des Bären ab, dann schnitt ein Posten den Bauch auf, und es kam nichts heraus als Holzwolle. Der Bub weinte fürchterlich und seine Mutter, sehr verängstigt, nahm ihn an der Hand und lief schnell los.

Wir Nachfolgenden wurden dann etwas gnädiger behandelt; diese Blöße wollte sich der Franzose nicht noch einmal geben, er rief: „Passez!" Unsere Zigaretten, gut am Körper versteckt, hatte er nicht entdeckt.

Am Kaisertor stand ein großer Fahnenmast, und jeden Mittag um 12 Uhr wurde dort eine Parade abgehalten. Alle Leute mussten während der Zeremonie still ste-

hen. Man durfte erst wieder weitergehen, wenn die Flagge gehisst war und die französischen Befehle verklungen waren.
Als Kind hat mich das alles sehr geärgert; ich entwickelte einen kindlichen Nationalstolz. Die Franzosen waren unsere Besatzer, sie gaben uns nur wenig zu essen, sie beschlagnahmten geschmuggelte Lebensmittel.
Als einmal mittags um 12 Uhr die Fanfare erklang und alle wie angewurzelt still standen, auch meine Oma, da sagte ich zu ihr: „Warum stehen wir still, das ist unser Land, die sollen sich aus dem Staub machen und verschwinden, ich stehe nicht vor einer Fahne stramm, eine Fahne ist nur ein Stück Stoff, und vor einem Stück Stoff stehe ich nicht still!" Daraufhin lief ich während der ganzen Zeremonie um alle Strammstehenden herum, meine arme Oma war verängstigt, doch passiert ist überhaupt nichts. Die Franzosen ließen sich nicht von einem Kind aus der Fassung bringen, und mein deutsches Geschimpfe haben sie auch nicht verstanden. Mein Widerstand gegen die Besatzer wurde von ihnen nicht ernstgenommen.

DIE UTSCHEBEBBES

Die Franzosen führten bei bestimmten Gelegenheiten Paraden durch, so auch am 14. Juli, ihrem Nationalfeiertag. Angeführt wurde die Parade von einem Hammel, der ihr Maskottchen war, und einem Tambourmajor. Es war eigentlich ein schönes Spektakel; für Umzüge hatte ich schon immer etwas übrig.
Die dunkelhäutigen Soldaten waren aus Marokko und heißen bis zum heutigen Tag bei uns Mainzern „die Utschebebbes". Marokko war eine Kolonie von Frankreich, und die wehrfähigen Männer wurden in Marokko in der kleinen, unscheinbaren Wüstenstadt Sidi-bel-Abbès für die französische Armee ausgebildet.
Seit dem ersten Weltkrieg von 1914-1918 waren Mainz und seine Vororte bis zum 30. Juni 1930 von den Franzosen besetzt. Die marokkanischen Soldaten benahmen sich sehr schlecht und waren deshalb bei der Bevölkerung sehr verhasst. Aus dem Namen Sidi-bel-Abbès entstand bei den damaligen Mainzern das Schimpfwort Utschebebbes.
Ich selbst habe noch einen alten Mann persönlich gekannt, der in Sidi-bel-Abbès Ausbilder für die Marokkaner gewesen war. Er sagte mir, auch in einem kleinen Wüstengebiet bei Bouafra sei ein marokkanisches Ausbildungslager gewesen.
Die Winter in den Jahren nach 1918 waren sehr kalt, und die Utschebebbes vertrugen das Mainzer Klima nicht; sie wurden krank und erfroren. Die Mainzer sagten damals: „Die Utschebebbes sind gestorben wie die Fliegen!"
Erst waren die Marokkaner bei den Mainzern verhasst; als sie aber so jämmerlich froren, hatten die Einwohner sogar Mitleid mit ihnen und spendeten Brennmaterial und Essen.
In beiden Kriegen wurde den Mainzern vieles genommen, aber ihr gutes Herz konnte man ihnen nicht nehmen.

Das Musikkorps der 3. algerischen Infanteriedivision paradiert am 4.10.1945 vor General de Gaulle in der Rheinstraße; vorne der Leithammel.

Im Mainzer Hauptfriedhof ist ein Feld, wo die Marokkaner begraben liegen, mit dem Gesicht nach Mekka gewand, da sie alle Moslems waren.

DER SUCHDIENST DES DRK

Als der Rundfunk wieder sendete, hörte meine Großmutter morgens und nachmittags die Suchmeldungen vom Deutschen Roten Kreuz. Täglich wurden Namen von Vermissten, Toten und Familien durchgegeben, die ihre Angehörigen suchten. Auch verloren gegangene kleine Kinder wurden von ihren Müttern gesucht. Meine Großmutter hatte auf dem Tisch ein Blatt Papier und Bleistift liegen, damit sie mitschreiben konnte, wenn sie jemand kannte. Auch in unserer großen Verwandtschaft gab es viele Soldaten, die noch nicht heimgekehrt waren, vielleicht waren sie noch am Leben oder sie waren in russischer Gefangenschaft.
Die Russen gaben keine Namenslisten heraus. Jahrelang gab es den DRK-Suchdienst, und viele Familien fanden sich so wieder, die durch die Kriegswirren getrennt wurden.
Es war üblich, wenn ein Soldat an der Front gefallen war, den Verwandten und Bekannten ein Bild von ihm zu schenken, damit diese ein bleibendes Andenken an

den Gefallenen hatten. In unserer großen Verwandtschaft sind viele Söhne und Väter gefallen, viele Andenkenbilder hatten wir von blutjungen Verwandten, wie gerne hätten sie noch gelebt, wie schlimm war der Verlust für die Angehörigen. Beim letzten Bombenangriff sind auch diese Bilder mitverbrannt.

EIN SCHLIMMES ZUGUNGLÜCK

Eine Katastrophe erschütterte alle Mainzer. Ein vollbesetzter Zug mit lauter Kriegsheimkehrern ist im Tunnel zwischen dem Süd- und Hauptbahnhof verunglückt. Wie das Unglück passiert ist, kann ich nicht sagen, jedoch hat sich auch diese Nachricht, wie damals alle anderen, schnell herumgesprochen. Viele Mainzer kamen gerannt und wollten helfen, die Verletzten zu bergen und zu versorgen. Am Eisgrubweg ist der Tunnel unterbrochen, und dort holten die Helfer die Verletzten und Toten herauf. Leute brachten Verbandmaterial, Essen, Getränke, Decken und alles, was sie entbehren konnten; viele weinten bei dem Anblick der armen heimkehrenden Soldaten.

Sie hatten für ihr Vaterland gekämpft und blieben am Leben, und dann passierte so ein Unglück! Auch ich war damals am Eisgrubweg; wenn ich heute dort vorbeigehe, muss ich noch immer an diese Tragik denken.

Wenn auch die Deutschen diesen sinnlosen Krieg verloren hatten, ihre Heimkehrer wurden geehrt und bejubelt.

DAS WASSERBAUAMT

Der Chef des Wasserbauamtes hatte schon während des Krieges versucht, die Mitarbeiter, welche nicht in der Partei waren, trotzdem zu halten, wenn sie auch nicht befördert werden konnten.

Später, nach Kriegsende, als die Hungersnot sehr schlimm war, gab es einmal im Jahr einen Betriebsausflug mit Angehörigen, zum Sattessen.

Wir fuhren mit einem Schiff nach Bacharach in ein Restaurant, das über geheime Wege mit Zutaten für die Belegschaft beliefert wurde. Es wurden große Schüsseln mit Braten, Kartoffeln, Nudeln, Erbsen mit Karotten und Salat auf die Tische gestellt. Jeder durfte essen, so viel er konnte, dazu gab es Wein und Limonade.

In schlechten Zeiten können ausgehungerte Menschen sehr viel an Essen zu sich nehmen, das ist wohl eine Vorrichtung der Natur. Die Mägen können, wie bei wilden Tieren, Vorrat aufnehmen und speichern. So ging es auch mir, ich aß mehrere hohe Teller voll, bis ich satt wurde. Vielen anderen Leuten erging es genau so. Auf der Heimfahrt wurde gescherzt und gelacht, es war der schönste Ausflug im ganzen Jahr.

Nachdem die Notbrücke gebaut worden war, bekamen alle Wasserbau-Mitarbeiter im Herbst von der amerikanischen Rheinseite her eine Holzzuteilung sowie Äpfel

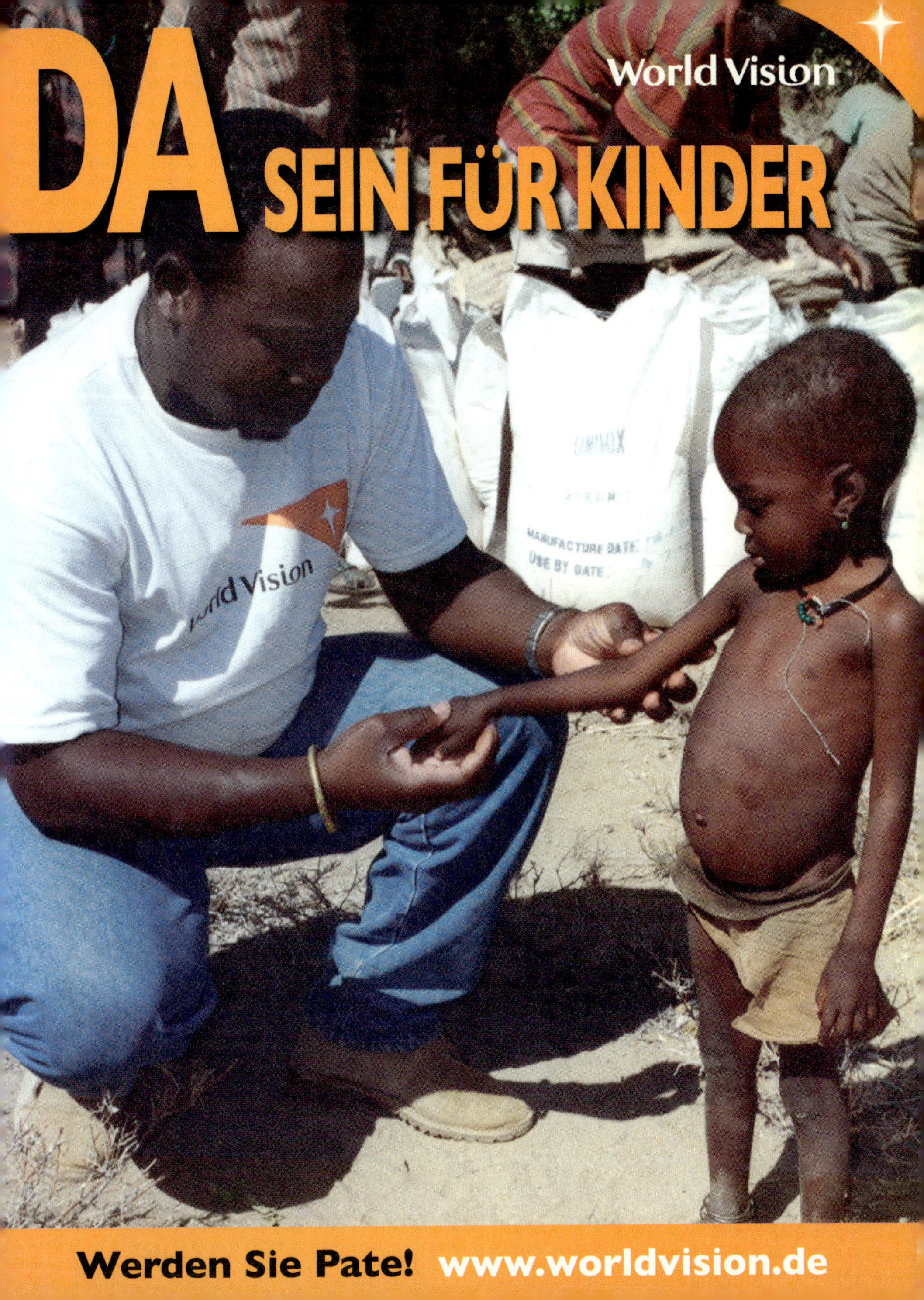
World Vision
DA
SEIN FÜR KINDER
MANUFACTURE DATE
USE BY DATE
Werden Sie Pate!
www.worldvision.de

DA...

... sein in der größten Not

Kinder sind die schwächsten und die hilflosesten Opfer von Unterernährung, Epidemien, Ausbeutung und Krieg. Da hilft Mitleid allein nicht weiter.

Kinder in Not brauchen dauerhaft Unterstützung. Genau das leistet eine Kinderpatenschaft von WORLD VISION.

Indem Sie Pate werden, helfen Sie langfristig und ganz gezielt. Als Pate erfahren Sie genau, was Ihre Hilfe konkret bewirkt: Berichte aus dem Projekt Ihres Patenkindes und Ihr Briefkontakt halten Sie auf dem Laufenden. Oder, noch besser, Sie besuchen Ihr Patenkind einfach mal. Geben Sie einem Kind in Not die Chance, die es verdient. Werden Sie jetzt Pate.

und Birnen. Die Baumstämme wurden bei uns in den Hof gefahren, und mein Großvater und ich sägten sie nach und nach mit der Trummsäge in Stücke. Mit der Axt und dem Beil hackten wir danach die dicken Stücke zu Ofenholz.
Als mein Großvater an einem Herzinfarkt gestorben war und wieder einmal eine frische Ladung Holzstämme im Hof lag, war meine Großmutter verzweifelt, weil sie nicht wusste, wer die dicken Stämme zersägen sollte. Stolz sagte ich zu ihr: „Oma, das ist kein Problem, der Opa hat es mir ja beigebracht, die Stämme säge und hacke ich klein!"

Schlange vor dem ersten Kino, dem „Capitol" in der Neubrunnenstraße, das damals wieder geöffnet war.

DIE FREMDENLEGION

Während der französischen Besatzung war im Fort Malakoff, der alten Festung am Rheinufer, ein französisches Lokal, das von Fremdenlegionären betrieben wurde. Die Legionäre hatten auch den Auftrag, junge Männer für die Fremdenlegion anzuwerben.

Da es in diesem Lokal guten, preiswerten französischen Wein und Essen gab, zog es natürlich die ausgehungerten Jugendlichen und Männer an. Uns war bekannt, dass man dort nicht hingehen solle, da dort immer wieder Jugendliche in betrunkenem Zustand plötzlich verschwanden. Nach Monaten kam dann eine Postkarte aus einem Kolonial- oder Kriegsgebiet, wo die jungen Männer im Einsatz für die Fremdenlegion waren.

Bei uns auf der Etage wohnte H.. Er war circa fünf Jahre älter als ich und lebte bei seinen Großeltern. H. war stolz, von der französischen Behörde einen eigenen Pass, damals sagte man Kennkarte dazu, bekommen zu haben, was nicht jeder bekam. Eines Abends ging er mit mehreren Jugendlichen einen kurzen Spaziergang machen und kam nicht mehr zurück. Seine Oma erzählte, er sei nachts noch einmal angetrunken in die Wohnung gekommen, hätte seine Kennkarte geholt und sei verschwunden. Unten am Haus hätten zwei Männer im Dunkeln gestanden und auf ihn gewartet.

H. war verschwunden; die Hausgemeinschaft ahnte zwar, dass er von den Fremdenlegionären betrunken gemacht und verschleppt worden war, doch Genaues konnten die Angehörigen nicht in Erfahrung bringen. Nach vielen Monaten kam eine Postkarte an die Großeltern; er war in Indochina als Legionär im Krieg.

IM KINDERSANATORIUM

Es gab wieder einen geregelten Schulunterricht, doch an guten Büchern, Schreibpapier und Material fehlte es noch immer.

Regelmäßig kam eine Beauftragte vom Gesundheitsamt, und wir wurden auf Läuse, TBC und andere Krankheiten untersucht. Bei mir stellte das Gesundheitsamt fest, dass ich unterernährt war. Ich wurde zur Erholung nach Weilmünster im Taunus geschickt, in ein Kindersanatorium.

Ich freute mich auf den schönen Urlaub, zumal mir meine Großmutter erzählte, wie schön der Taunus sei.

Am Treffpunkt Hauptbahnhof stand noch ein Mädchen, das Betty hieß, mit seiner Mutter. Dieses Kind hatte seinen Vater im Krieg verloren. Meine Großmutter und diese Frau baten uns, während der Sechs-Wochen-Kur zusammen zu bleiben und so oft es möglich war, zu schreiben. Betty und ich verstanden uns gleich gut, und eine Begleitperson brachte uns nach Weilmünster. Dort angekommen wurden wir in Gruppen aufgeteilt, Betty und ich blieben zusammen.

Das Sanatorium war während der Nazizeit eine Psychiatrie oder ein Gefängnis gewesen. Überall an den Fenstern waren dicke Eisengitter, und die Türen waren aus dickem Holz mit noch dickeren Eisenbeschlägen und Schlössern.
Wir kamen in den ersten Stock von Haus F 2, Gruppe 2 oben. Die Räume waren viel größer als Schulräume. Der erste Raum war der Speisesaal, dahinter ein großer Schlafsaal für die kleineren Mädchen, und danach kam ein Riesensaal für die größeren Mädchen, in welchen Betty und ich eingewiesen wurden.
Der Raum war in sechs Reihen voll mit Betten aus Eisengestellen, um Platz zu sparen, immer zwei nebeneinander. Einen Stuhl, um abends die Kleider darauf abzulegen, mussten sich zwei Kinder teilen.
Ich hatte Glück, auf meinem Bett war eine dreiteilige Matratze, einige Kinder hatten jedoch nur zwei Teile, die statt quer längs gelegt wurden, da es nicht genug Matratzen gab.
Für unsere Gruppe gab es zwei Betreuerinnen, eine hieß Tante Ella, der Name der anderen ist mir entfallen. Seitlich gab es einen großen Waschraum, in welchem wir uns täglich nackt waschen mussten.
Um Infektionen zu vermeiden, mussten wir unsere Zähne mit einem vorher angerührten lila Wasser putzen, worin Kaliumpermanganat aufgelöst war. Mit diesem Desinfektionsmittel wurde auch täglich gegurgelt.
Es herrschte eine strenge Disziplin, wie in einem Erziehungsheim. Morgens um 7 Uhr aufstehen, auf die Toilette gehen, waschen, Zähne putzen, anziehen, dann gemeinsam zum Frühstück im Speisesaal antreten.
Einmal die Woche wurden wir gewogen und bekamen die Nägel geschnitten. Da jede Tante nur eine Nagelschere besaß, mussten wir in der Reihe Schlange stehen, bis wir an der Reihe waren.
Auch die Ohren wurden mit einem Zahnstocher, um den Watte herumgedreht war, wöchentlich von den Tanten ausgeputzt. Einmal stocherte die Tante tief in mein linkes Ohr, wobei wohl die Spitze des Zahnstochers aus der Watte kam und meinen Gehörgang verletzte. Ich schrie bei dem Schmerz laut auf, und die Tante meinte, ich solle mich nicht so anstellen. Es rauschte den ganzen Tag fürchterlich in meinem Ohr, und ich konnte auch nicht gut hören und hatte Gleichgewichtsstörungen. Ich sagte das auch dieser Tante, doch mir wurde gesagt, dass das sich wieder geben würde. In der darauffolgenden Nacht schlief ich sehr schlecht, da das Rauschen mich störte und ich an Schwindel litt. Am anderen Morgen war eine große dunkelrote Blutlache auf meinem Kissen. Das Rauschen hörte auf, und mir wurde vorsichtig das verschmierte Ohr gesäubert. Ein Ohrenarzt wurde nicht hinzugezogen.
Nach dem Frühstück, das aus Kakao, Brot mit Margarine und Marmelade oder einem Streichkäse bestand, durfte die Gruppe in Zweierreihen in Begleitung einer Tante spazieren gehen. Bei schlechtem Wetter saßen wir im Speisesaal und durften Bilder malen, oder ein Mädchen las aus einem Buch vor.
Täglich um 11 Uhr hatten wir bis zum Mittagessen eine Liegestunde. Müde waren

wir da alle nicht, aber wir durften nicht sprechen, da unser Körper sich erholen sollte.
Die meisten Mädchen litten stark unter Heimweh und weinten leise in ihre Kissen. Merkte die Tante, dass ein Kind weinte, so wurde es ausgeschimpft. Wurden wir beim Sprechen erwischt, so gab es eine Ermahnung, und beim zweiten oder gar dritten heimlichen Flüstern gab es eine Strafe, indem man das Geschirr abwaschen oder abtrocknen musste. Zum Abwaschen oder auch Sauberkehren waren immer genug erwischte Kinder vorhanden.
Trotz der harten Disziplin brachten Betty und ich es fertig, heimlich zu flüstern, da unsere Betten direkt nebeneinander standen und wir einen guten Blick auf die Tür hatten. Wir verstanden es auch, die beiden Bettlaken so über die Gesichter zu ziehen, dass man uns so schnell nichts nachweisen konnte.
Betty und ich litten auch unter Heimweh, und wir trösteten uns gegenseitig. Wir zählten die Tage, bis die sechs Wochen wieder herum waren.
Das Mittagessen war für die damalige Zeit gut, es gab Kartoffeln, Nudeln, Gemüse, Fleischsoße oder Fisch. Nach dem Mittagessen mussten wir unter strenger Aufsicht wieder schlafen.
Abends gab es belegte Brote mit Pfefferminztee, so viel wir essen konnten. Manchmal gab es einen Brotaufstrich aus einer Fischpaste, den aß ich besonders gerne.
Eimal die Woche durften wir nach Hause schreiben. Wir saßen dann gemeinsam am Esstisch und schrieben unsere Briefe. Uns wurde gleich gesagt, was wir zu schreiben hatten, und die Briefe durften nicht in den Umschlag, bevor sie nicht von den Tanten zensiert worden waren.
Ich hatte mit meiner Oma vorher ein Geheimzeichen ausgemacht, wenn es mir dort nicht gefiele, doch Oma konnte nichts für mich tun. Es gab damals keine Möglichkeit zu telefonieren; sie schrieb mir allerdings immer liebe Briefe, in denen sie mir mitteilte, dass die Zeit schnell herum geht. Auch die Briefe der Eltern wurden vorher von den Tanten geöffnet und gelesen.
Ein Kind aus unserer Gruppe hatte den Mut und schrieb seinen Eltern die Wahrheit, wie streng wir behandelt wurden und welches Heimweh sie hatte. Das Mädchen klebte den Brief zu, frankierte ihn, wir hatten für unsere Briefe Papier und Briefmarken mitbringen müssen, und sie wollte ihn heimlich abschicken. Der Brief wurde abgefangen und geöffnet. Vor uns allen wurde der Brief als Abschreckung vorgelesen und das arme Kind streng zurechtgewiesen. Das Mädchen hatte an die Eltern nur die Wahrheit geschrieben, doch die Zurechtweisung war dermaßen streng, dass niemand mehr wagte, etwas Negatives in den Briefen zu schreiben.
Wir litten fast alle an einer Halsentzündung, und das Gurgeln mit Kaliumpermanganat wurde dreimal am Tag durchgeführt.
Der tägliche Spaziergang erfreute mich auch nicht. Die Gegend, die für ein glückliches, zufriedenes Kind sicher schön gewesen wäre, fand ich langweilig. Der Bach, der durch die Wiesen floss, war mir zu klein. Ich dachte mit Sehnsucht an den großen Rhein, in dem wir Kinder so gerne im Sommer schwammen und unsere

Wasserschlachten austrugen. Ich dachte an unsere Trümmerstadt Mainz; was konnte man dort so frei und ungezwungen auf Erkundigungen gehen! Hier auf den Wegen immer zu zweit zu gehen, zwischen den Wiesen, war für mich freiheitsliebendes Kind eine Strafe. Nie durften wir auf den grünen Wiesen herumtoben oder Nachlaufen spielen, wir hätten uns ja schmutzig machen können; außerdem waren wir in einem Sanatorium, um an Gewicht zuzunehmen.

Ich litt stark unter Heimweh und wurde krank. Mir ging es sehr schlecht, ich nahm an Gewicht nicht zu und bekam hohes Fieber.

Nachdem ich in der Krankenabteilung wieder hochgepäppelt worden war und keine Möglichkeit hatte, meine Großeltern zu verständigen, kam ich wieder zurück in das Haus F 2, Gruppe 2 oben. Die Mädchen, mit denen ich zusammen war, waren inzwischen nach Hause gefahren; die sechs Wochen Erholungszeit waren vorbei. Ich musste eine Nachkur absolvieren. Meinen Großeltern wurde mitgeteilt, dass es mir gut gehe und ich sogar noch etwas länger bleiben dürfe, da die Kur so gut angeschlagen hätte.

Die Tanten waren jetzt sehr gut zu mir; ich brauchte auch nie Geschirr abzuwaschen oder den Boden zu putzen.

Mein früheres Bett und der Platz am Tisch waren jetzt von einem anderen Mädchen belegt, ich bekam jetzt sogar einen besseren Platz am Fenster.

Die neue Gruppe studierte ein Theaterspiel ein, und die Texte waren schon alle vergeben. Da man mich aber auch mitspielen lassen wollte, wurde noch ein Satz in das Spiel eingefügt. Ich durfte sagen: „Majestät, die zwölf Frauen sind da!" Für diesen einen Satz wurde ich wegen meiner schauspielerischen Fähigkeiten sehr von den Tanten gelobt.

Mein Heimweh war schlimm, ich war ganz elend und verzweifelt, ich betete zu meiner Mutti, sie solle mir helfen und mich zur Oma bringen. Das Gebet wurde erhört, ich wurde wieder krank. Dieses Mal kam ich in eine richtige Krankenstation und hatte Mumps. In dem Dreibettzimmer lagen zwei mumpskranke Buben in meinem Alter. Es gab auch dort keine Toilette und wir mussten im Zimmer auf einen Eimer gehen. Die beiden Jungen stellten sich beim Urinieren, doch ich musste mich dabei setzen. Das Gelächter und Gespött der beiden war für mich beleidigend, und mein Heimweh nagte an mir. Die Buben verhöhnten mich wegen meines dicken Halses, sie hatten aber genau solche dicken Hälse wie ich, doch niemand hatte einen Spiegel.

Als der Mumps endlich abgeheilt war, entschied ein Doktor, mich so schnell wie möglich nach Mainz zu schicken, da ich vor Heimweh noch kränker werden würde.

Ein dicker, freundlicher Begleiter mit Namen Blum brachte mich mit der Bahn nach Mainz. Sobald ich wieder in meiner geliebten Stadt und bei meinen lieben Großeltern war, fühlte ich mich gesund. Meine Großmutter verständigte das Jugendamt über das Vorgefallene in Weilmünster, doch es geschah nichts; es war das Chaos in der Nachkriegszeit.

DAS MAINZER JUGENDAMT

Mein Vater hatte eingesehen, dass die Nationalsozialisten für Deutschland eine Katastrophe werden würden, und ist deshalb 1942 oder '43 wieder aus der Partei ausgetreten; aber nach Kriegsende galt er doch als Nationalsozialist und wurde trotz seiner schweren Kriegsverletzung als Beamter entlassen. Er hatte kein Einkommen und konnte meinen Großeltern keinen Unterhalt für mich bezahlen.
Meine verstorbene Mutter war bei der Straßenbahn zwangsverpflichtet gewesen, aber auch von dort bekam ich keine Waisenrente. Meine Oma wurde mehrmals bei Behörden und dem Jugendamt vorstellig, doch alles war vergebens: sie mussten mich mit ihrem wenigen Einkommen ernähren.
Das Jugendamt wurde insofern tätig, als sie meinen Großeltern einen städtischen Vormund aufzwangen; dieser würde jetzt für all meine Belange und Bedürfnisse zuständig sein. Ein Herr K., der auf dem Linsenberg wohnte, wurde als Vormund bestimmt. Es geschah gar nichts, der Mann kannte mich überhaupt nicht, und einen Unterhalt für mich handelte er auch nicht aus. Einmal besuchten meine Oma und ich den Herrn K. am Linsenberg, mit der Bitte, etwas für mich zu tun. Der Herr Vormund empfing uns nur im Treppenhaus vor seiner Wohnungstür und kanzelte uns ab mit den Worten: „Rupfen sie mal einer Gans eine Feder aus, die keine hat!"
Das war alles, was der Mann für mich, sein Mündel, tat. Weiterhin wurde ich von meinen Großeltern unterhalten.
Einmal im Jahr schickte das Jugendamt eine Sozialarbeiterin zu uns nach Hause, um nachzuschauen, ob es mir gut geht. Mir ging es bei meinen Großeltern sehr gut, ich hatte von ihnen Liebe und Nestwärme erhalten, diese Kontrolle hätte sich das damalige Jugendamt ersparen können.
Spät wurde mein Vater entnazifiziert und bekam eine Anstellung bei Werner und Merz. In den fünfziger Jahren wurde er endlich als schwerbehinderter Beamter wieder beim Staat eingestellt. Für seinen früheren Fanatismus hatte er schwer bezahlen müssen.

MEINE ERSTE HEILIGE KOMMUNION

1947 gingen die meisten Kinder zur ersten Kommunion. Viele Mütter wollten mit dem Fest warten, bis die Väter ihrer Kinder aus der Gefangenschaft zurückgekommen wären oder sie Nachricht von ihren vermissten Ehemännern erhalten hätten. Wir waren viele Kriegskinder, die in diesem Jahr zum ersten Mal die heilige Kommunion empfingen. Einige konnten froh sein, denn ihre Väter waren schon aus der Gefangenschaft zurückgekommen, andere waren Waisenkinder geworden und wieder andere wussten noch immer nicht, ob ihr Vater noch lebte.
Da in den letzten Jahren keine Kinder kommuniziert hatten, waren wir eine sehr große Schar Kommunionkinder in der Ignazpfarrei.
Pfarrer Brantzen wollte uns eine schöne Kommunion bereiten und entschied, dass

alle seine Kommunionkinder ein weißes Kleid bekommen sollten. Da es nichts zu kaufen gab, bat er bei den Predigten von der Kanzel herunter die Gläubigen, die nicht ausgebombt waren, sie möchten doch Betttücher, Bettbezüge oder weiße Tischdecken in das Pfarrhaus bringen, daraus sollten Kommunionkleider genäht werden.
Die sonntäglichen Aufrufe blieben nicht ohne Wirkung; viele Leute brachten weiße Leinensachen. Wer eine Nähmaschine besaß, sollte helfen, die Kleider zu nähen. Im Pfarrhaus wurde eine Nähstube eingerichtet.
An uns Mädchen wurde Maß genommen, und wir bekamen alle schöne Kleidchen aus Bettwäsche. Ich hatte besonderes Glück: Eine Frau hatte noch einen besonders schönen Stoff, daraus hatte sie eigentlich eine Bluse für sich anfertigen wollen; aber sie spendete diesen Stoff für ein Kommunionkind, und meine Oma nähte daraus ein schönes Kleid für mich.
Durch eine Spende der Amerikaner stand im Pfarrhaus eine große Pappkiste mit gebrauchten und neuen Kinderschuhen. Was war das eine Freude für uns, als wir diese Schuhe anprobieren durften! Wieder hatte ich großes Glück. Ein Paar neue, braune, aber sehr kleine Schuhe passten nur mir, da ich einen besonders kleinen Fuß hatte; sie waren sehr schön, sogar ein Muster war auf der Oberseite.
Gisela, die bei uns im Haus wohnte, hatte weniger Glück, für sie waren auch passende Schuhe in der Kiste gefunden worden, jedoch waren es zwei verschiedene, der eine Schuh war braun, der andere schwarz. Die Helferinnen versuchten, den braunen Schuh dunkel zu färben, doch auch das Muster war verschieden. Gisela ging mit den verschiedenen Schuhen zum Altar, der liebe Gott hatte dafür Verständnis, er war nicht für den Krieg verantwortlich, es waren die Menschen selbst, die den Krieg angezettelt hatten.
Vor der Kommunion mussten wir zur ersten Beichte gehen. Für uns Neulinge war das nicht so einfach, alle unsere Sünden, die wir in unserem Leben begangen hatten, zu beichten.
Als Hilfe gab es dafür einen Beichtzettel. Wir berieten uns untereinander, was man da alles auf den Zettel schreiben sollte. Die meisten von uns Kindern, wenigstens die cleveren, hatten die Amis oder Franzosen bestohlen und Kohlen geklaut. Wir waren wahre Meister im „Organisieren!" Gelogen hatten wir auch alle, zumindest, wenn wir erwischt wurden, das alles sollten wir jetzt beichten. Vor allen Dingen sollten wir uns bessern. Wie konnte ich mich in dieser schweren Zeit bessern, wenn am Winterhafen die beladenen Kohlenwaggons standen, zum Abtransport nach Frankreich, und wir Mainzer keine Kohlen zum Kochen und Heizen hatten? Meine Oma meinte, ich solle das alles auf den Beichtzettel schreiben, der Pfarrer würde es verstehen. Mir war die ganze Sache sehr peinlich, ich war nicht imstande, den Beichtzettel zu schreiben. Meine Oma übernahm diese unangenehme Arbeit für mich und beschrieb den Zettel.
Im Beichtstuhl hatte ich einen ganz trockenen Mund, mir verschlug es zeitweise die Sprache, ich schluckte schwer. Als ich mit dem Vorlesen fertig war, tröstete

Eleonore Ermisch (mit Korkenzieherlocken!) 1947 bei ihrer Ersten heiligen Kommunion.

mich der Pfarrer, es kämen auch wieder andere Zeiten, dann solle ich nicht mehr die Franzosen bestehlen. Ich bekam die Absolution und als Buße 3 Vaterunser und 3 „Gegrüßet seist Du Maria". Ich war erleichtert, alles war nicht so schlimm, wie ich mir das vorgestellt hatte.
Natürlich wollten wir Kommunionkinder auch schön frisiert sein, damals waren Stoppenzieher (Korkenzieher) die große Mode. Drei Tage vor der Heiligen Kommunion wurden meine Haare gewaschen, und Irmgard drehte mir die nassen Haare ein. Da es keine Lokkenwickler gab, waren die Frauen erfinderisch: um schöne Locken zu haben, drehte man die Haare nass auf Stoff- oder Papierstreifen ein. Man sagte damals über die Papierlockenwickler „Babbelottche", dieser Name kommt aus dem Französischen. Zwischendurch wurden die Haare immer wieder erneut befeuchtet, damit am Festtag die Frisur gut und fest hielt. Wir Kommunionkinder trafen uns zur Beichte und anderen Vorbereitungen mit unseren aufgedrehten Haaren stolz in der Kirche.
Auch die Erwachsenen wollten an diesem Tag gut frisiert sein, und viele Angehörige wickelten deren Haare auf runde ca. 6-8 cm lange Holzstücke, die an beiden Enden eingekerbt waren, an denen die eingedrehten Haare mit einem Gummiband fest gehalten wurden. Wer keinen passenden Gummi für die Holzwickler hatte, schnitt von einem alten, porösen Fahrradschlauch schmale Streifen ab. Damals war alles zu gebrauchen und zu verwenden.
Manchmal höre ich noch heute Frauen sagen, wenn sie ihre Haare mit modernen Lockenwickler aufgedreht haben: „Ich habe die Klötzer auf dem Kopf!" Das ist noch eine Überlieferung aus der Nachkriegszeit.
Es wurde vom Pfarrer bestimmt, dass alle Kinder den gleichen Kerzenschmuck um die gespendeten Kommunionkerzen bekamen. Mit frischen grünen Asparaguszweigen sahen die Kerzen wunderschön aus. Die Tropfenfänger hatten die Helferinnen aus weißem Papier selbst gebastelt. Keines von uns Kindern war benachteiligt.
Bei der ersten heiligen Kommunion tragen die Mädchen ein kleines Kreuz um den

Hals. Einige hatten ein eigenes Kreuz, andere bekamen ein Kreuzchen als Spende, und einige hatten ein Kreuz aus geschnitztem Holz. Ich bekam das Kreuz von Irmgard. Dieses Kreuz hüte und behalte ich als ein schönes Andenken.
Die vielen Buben waren schon schwieriger mit Anzügen auszustatten, doch auch sie wurden mit gespendeten Sachen schön eingekleidet.
Weil es im April noch sehr kalt war, nähte mir Oma aus einem Leinentuch einen weißen Kommunionmantel, andere Kinder hatten ein Jäckchen bekommen. Die Ignazkirche konnte nicht beheizt werden, und es war bitterkalt, doch wir spürten die Kälte nicht, wir hatten unseren schönsten Tag im Leben.
Meine Großeltern hatten es fertiggebracht, sogar Fleisch zu beschaffen, und Oma bereitete einen schönen Braten daraus. Auch einen Streuselkuchen hatte sie gebacken, und ich durfte meine Spielkameradin Inge zum Fest einladen. Omas Wunsch war es, Fräulein Renk, eine Freundin meiner Mutter, einzuladen, sie lebte durch die Kriegswirren ganz alleine in einem kleinen Zimmerchen.
Der Platz zum Essen war knapp, und so aßen die vier Erwachsenen am Küchentisch, meine Freundin Inge und ich im engen Schlafzimmer am Toilettentisch.
Wir waren in dem Haus vier Kommunionkinder, und die Hausgemeinschaft hatte für jedes Kind ein kleines Geschenk. Marianne, ein hübsches Mädchen aus unserem Haus, schenkte mir etwas ganz Besonderes, ich bekam von ihr einen Silberanhänger. Noch heute habe ich dieses Kommuniongeschenk als Andenken.
Wir Kriegskinder lebten in allen Dingen sehr bescheiden, trotzdem war unsere Kindheit nicht so schlimm, wie man das vielleicht glauben mag, wir konnten uns über kleine Dinge sehr freuen und glücklich sein.

DIE NATURFREUNDE

Im Sommer 1947 erzählte mir ein Mädchen, das in unserer Gegend wohnte, sie ginge mit einem Verein sonntags in den Gonsenheimer Wald zum Wandern; sie würden singen, spielen und bekämen die Bäume und Pflanzen erklärt. Das interessierte mich, und Roswita versprach, mich einmal mitzunehmen.
Eimal die Woche kamen sie im Haus am Dom, das im Krieg stehen geblieben war, zu einem Treffen zusammen. Oma erlaubte mir mitzugehen, doch sie wollte wissen, was das für ein Verein sei und wer bei den Wanderungen die Kinder betreute.
Die neu zusammengestellte Kindergruppe wurde von zwei Kriegerwitwen, Tante Bobbel und Tante Minna, sowie einem Mann, Onkel Paul, betreut.
Frau Vierheilig besuchte meine Großmutter und berichtete ihr, was wir bei den Naturfreunden unternehmen würden. Der Sinn war in erster Linie, die Kinder aus den Trümmern in die frische Natur hinauszuholen, damit sie endlich einmal etwas anderes sähen und erlebten.
Meine Oma war einverstanden, ich durfte in die Kindergruppe. Wir lernten viele Wanderlieder, machten Spiele, und sonntags gingen wir mit unseren eingepackten

Margarinebroten in den Wald.
Oft wanderten wir nach Gonsenheim auf die Rheingoldruhe, dort konnten wir uns nach Herzenslust austoben. Später waren wir oft im Naturfreundehaus Wildsachsen, wo wir gerne übernachteten.
Die Älteren waren in der Jugendgruppe, und dort lernten sie nicht nur deutsche Volks- und Wanderlieder, sie durften auch Instrumente erlernen. Bei gemeinsamen Wanderungen sangen und spielten sie auf Gitarren, Klampfen, Mandolinen und Flöten.
Onkel Paul stellte fest, ich sei musikalisch, und ich signalisierte, dass ich gerne Mandoline spielen würde, dieses Instrument gefiel meiner Oma so gut. Oma kaufte mir eine billige Mandoline, und den Unterricht erhielt ich kostenlos von einem Naturfreundemitglied, Herrn Schmalzel; er war Hausmeister in der Neutorschule, ich kannte ihn von dorther.
Bald war ich mit meinem Unterricht so weit, dass ich in der Jugendgruppe mitspielen durfte, obwohl ich vom Alter her noch in die Kindergruppe gehört hätte. Einmal die Woche trafen sich alle Musikspieler in der Neutorschule, um gemeinsam zu musizieren.
Silvester 1948 feierten die Naturfreunde in der Neutorschule. Ich bekam von Oma die Erlaubnis, mitzufeiern, da ich Mandolinenschülerin war. Ich vergesse es nie: als um 24 Uhr die Leute im Schulhof fröhlich „Prosit Neujahr!" riefen, schlich ich heimlich in eine dunkle Ecke unter einen Platanenbaum und betete: „Lieber Gott, lass nie mehr einen Krieg kommen, sorge dafür, dass alle Leute vernünftig sind. Schenke uns Frieden!" Niemand hatte in diesem Trubel meine Abwesenheit bemerkt.

DIE AUFARBEITUNG

In meiner Klasse war ein nettes Mädchen, sie hieß Ursula; wir beide verstanden uns sehr gut und wurden Freundinnen. Ich war gerne bei Ursel und ihrer Familie zu Hause. Es war eine glückliche Familie, und sie hatten auch nicht so eine Not, wie sie in meiner Familie war.
Sie waren Geschäftsleute und hatten dadurch genug zum Leben.
Die Mutter war eine gütige, liebe Frau, und sie war auch für mich ein Vorbild.
Da ich nur Stoffpuppen besaß, schenkte sie mir zu Weihnachten eine echte Käthe-Kruse-Puppe.
Ursels Oma hatte die Angewohnheit, jeden Samstag „Wickelcher" zu backen. Durch ihr Geschäft fehlte es ihnen nicht an guten Zutaten. Die ganze Familie hatte von „Wickelcher" die Nase voll und wollte einmal etwas anderes haben. Ursels Oma war aber nicht bereit, von ihrer Gewohnheit abzulassen, samstags wurden „Wickelcher" gebacken. War ich samstags nicht in Sulzheim, sondern bei Ursula, dann bekam ich von ihrer Oma ein Wickelchen geschenkt. Mir haben sie sehr gut

geschmeckt, und die Oma hatte Bestätigung von mir bekommen, ihre „Wickelcher" waren die besten!
Ursel hatte noch drei Geschwister, Klaus, Käthi und Ria. Wir verstanden uns alle miteinander sehr gut. Sie waren zwar auch im Krieg ausgebombt worden, doch ihr Hinterhaus konnte wieder zum Wohnen hergerichtet werden. Es gab genug Wohnraum und sogar Kinderzimmer zum Spielen. Wir spielten mit Vorliebe Krieg, Fliegeralarm und Bombenabwurf. Wir heulten einen Hauptalarm, dann rannten wir und packten unsere Puppen und die dazugehörigen Kleider. Wir feuerten uns gegenseitig an, schnell in den Keller zu fliehen, da die Bomben schon fielen. Die Keller waren unter den Betten, wir rutschten schnell darunter. Unter den Betten waren wir in Sicherheit, bis die Entwarnung kam. Nach der Entwarnung krochen wir wieder unter den Betten hervor.
Oft spielten wir den Alarm so überzeugt, dass Käthi, die etwas jünger war, laut anfing zu weinen. Sie war damals etwas pummelig und war deshalb nicht so schnell unter dem Bett wie wir. Einmal schaute ihr Hinterteil noch unter dem Bett hervor, und wir schrien ganz entsetzt, dass sie schnell ganz unter das Bett müsse, ihr Popo würde noch herausschauen, die Bomben würden doch schon fallen. Wir zogen und zerrten sie, bis sie völlig bei uns war.
Durch die Schreie kam ihre Mutter die Treppe herauf, um zu sehen, was passiert war, wir alle waren schweißgebadet vom Kriegspielen. Ursels Mutter konnte es nicht fassen, dass Kriegspielen für uns Kinder so schön war, sie überredete uns, doch lieber Märchen zu spielen.
Hatten wir einmal keine Lust, Krieg zu spielen, dann spielten wir Flüchtlinge, auch das war für uns ein gutes Spiel. Wir schleppten alle Spielsachen und Puppen zusammen und waren auf der Flucht, wir rannten dann durch das ganze große Haus als Flüchtlinge.
Heute weiß ich, dass das Spielen von Krieg, Bomben, Verschüttung, Flucht und Hungersnot eine unbewusste psychische Reaktion war, eine im Unterbewusstsein vorgenommene Aufarbeitung des Erlebten. Kinder, die Schlimmes durchstanden haben, können vieles durch ein Spiel aufarbeiten, sie können dadurch den Schock überwinden, von dem Trauma erlöst und gesund werden! Uns hat das kein Psychologe empfohlen, unser kindlicher Instinkt und Selbsterhaltungstrieb hat uns geholfen.

Auf dem Halleplatz, wo heute das Rathaus steht, wurde von den Amerikanern nach Kriegsende Baumaterial für die Notbrücke gelagert. Als der Platz wieder geräumt war, kamen Wagen, sie sahen Zigeunerwagen ähnlich, in denen Bilder von Menschen gezeigt wurden, die in Konzentrationslagern waren.
Es waren einzelne Schaukästen mit Fotografien, in denen man das ganze Elend und die grausame Brutalität sah. Für ein Eintrittsgeld konnte man das ganze Ausmaß dieser Unmenschlichkeit der Nazis sehen. Viele Mainzer waren dort, auch ich habe diese Bilder gesehen, ich war geschockt, dass Hitler und seine Genossen so

etwas den Menschen antun konnten. Vor der Veröffentlichung dieser Bilder hatten viele keine genauen Vorstellungen, was in diesen Lagern passiert war. Es kamen Menschen in die Lager hinein, jedoch keine vor Kriegsende heraus, wer hätte da über diese Gräueltaten berichten können?

BEI DER WÄHRUNGSREFORM WAREN ALLE MENSCHEN GLEICH

1948 kam die Währungsreform, jeder bekam 40 Deutsche Mark. Alle Menschen waren für kurze Zeit gleich arm oder reich! Über Nacht war plötzlich alles vorhanden. Es gab genug zu essen, es gab Schuhe und Kleidung, die Deutsche Mark hatte die Armut und Hungersnot beendet. Wir brauchten nicht mehr aufs Land zum Betteln, Hamstern, Schrotteln, Quanteln und Schieben, alles war vorbei, eine bessere Zeit begann!